Leonhard Fischer
Arno Balzer

ES WAREN
EINMAL
BANKER

Warum das moderne
Finanzsystem gescheitert ist

ecoWIN

SALZBURG – MÜNCHEN

1. Auflage
© 2017 Ecowin Verlag bei Benevento Publishing,
eine Marke der Red Bull Media House GmbH, Wals bei Salzburg

Medieninhaber, Verleger und Herausgeber:
Red Bull Media House GmbH
Oberst-Lepperdinger-Straße 11–15
5071 Wals bei Salzburg, Österreich

Satz: MEDIA DESIGN: RIZNER.AT
Gesetzt aus Palatino, Renner

Printed in Slovakia

ISBN 978-3-7110-0163-4

INHALTSVERZEICHNIS

VORWORT

Vorab ein Hinweis schon allein der Transparenz wegen: Leonhard Fischer kenne ich seit rund 25 Jahren, wir sind seit 20 Jahren befreundet und haben wiederholt in verschiedenen beruflichen Stationen und mit unterschiedlichen Rollen eng zusammengearbeitet. Über die Jahre haben wir auch immer wieder die in diesem Buch diskutierten Themen debattiert, zumeist einvernehmlich, zuweilen auch streitig, immer aber mit Leidenschaft. Die Lust zum Diskutieren und Analysieren auf hohem intellektuellen Niveau hat einen Leonhard Fischer schon immer herausgehoben und ausgezeichnet.

Als die Deutsche Bundesbank sich Anfang der 1990er-Jahre – also in Zeiten krisenhafter Zuspitzungen im seinerzeitigen Europäischen Währungssystem – einen Beraterkreis für Finanzmarktfragen zulegte, fiel mir schon in dessen erster Sitzung ein brillanter Analytiker aus dem Hause JP-Morgan mit strategischem Denken und hoher rhetorischer Begabung auf, er war nicht einmal 30 Jahre alt und hieß – natürlich – Leonhard Fischer.

Jetzt hat Lenny (endlich!) gemeinsam mit Arno Balzer zu Papier gebracht, was ihn schon lange bewegt, eine Abrechnung mit liebgewonnenen Mythen und vergötterten Lichtgestalten. Seinem Naturell entsprechend erzählt er seine Geschichte ohne Schaum vor dem Mund und ohne andere Menschen persönlich zu verletzen, sondern mit Charme in amüsanter Diktion, ein echter Lenny eben. Jemand wie er schreibt konsequenterweise ohne Fußnoten, es soll ja keine akademische Doktorarbeit sein, sondern »nur« ein intellektueller Diskurs auf höchstem Niveau, gespickt mit eigenen praktischen Erfahrungen über viele Jahre.

Somit findet der Leser eine luzide Beschreibung der Fliehkräfte, die seit Jahrzehnten auf das internationale Finanzsystem einwirken und die eher zu- als abgenommen haben. Das Buch verzichtet darauf, die Ursachen tektonischer Umbrüche – beim IWF sprachen wir von »*Fault Lines*« – bei Einzelpersonen oder historischen »Sternstunden« zu suchen. Vielmehr stehen »Abschiede« im Vordergrund, von Mantras, an die man zeitweise selbst geglaubt hat. Bei aller Leichtigkeit der Diktion geht diese (Selbst-)Erkenntnis nicht ohne eine gewisse Bitterkeit vonstatten.

Zwei »Glaubenssätze« stehen dabei im Vordergrund:

Wir jungen Kapitalmarktleute der 1980er-Jahre glaubten an die »Selbstheilungskräfte des Marktes«. Übertreibungen der Marktteilnehmer bei der Preisfindung von Aktien, Renten oder auch von Wechselkursen und Kapitalströmen würden sich in der Regel von selbst korrigieren, wenn nur genügend »Spieler im Markt kalte Füße bekommen und ihre Positionen aus Sorge vor Verlusten auflösen«. Die ordnende Hand der Zentralbanken würde nur ausnahmsweise gebraucht, eigentlich vor allem um ein Umkehren der Marktteilnehmer zu beschleunigen, so waren das Plaza-Abkommen 1985 und das Louvre-Abkommen von 1987 zu verstehen. Das ordnungspolitische Fundament war natürlich die Bereitschaft, Marktteilnehmer gegebenenfalls auf ihren Verlusten sitzen zu lassen, eine Zentralbank durfte nicht ausrechenbar sein, wir sprachen von einer »Constructive Ambiguity«. Das vorliegende Buch beschreibt eindrücklich und eindringlich, wann und warum der Konsens eines »Benign Neglect« gegenüber Verlusten von Marktteilnehmern verloren ging und durch das Dogma eines »Greenspan-Puts« abgelöst wurde, zunächst 1987 am amerikanischen Aktienmarkt, eine Dekade später auch bei internationalen Krisen in Asien, Lateinamerika und Russland.

Die tief greifende Skepsis eines Leonhard Fischer gegenüber computergesteuerten Modellen für Zwecke des Risikomanagements besteht bei ihm nicht erst seit gestern. Inzwischen ist sie auch bei Bankenaufsehern angekommen, der Hauptstreitpunkt für ein Abkommen »Basel IV« ist die Berücksichtigung sogenannter interner Modelle zur Kalibrierung von Risiken. Hier haben die Bankenaufseher in den USA eine komplette Kehrtwende vollzogen. Die EZB-Aufsicht wiederum beginnt gerade ihr bislang größtes »aufsichtliches Manöver« – »Targeted Review of Internal Models« –, es wird Jahre dauern. Einmal mehr war der Kapitalmarktpraktiker Leonhard Fischer intellektuell vor der Kurve.

Eine andere bittere Erkenntnis – zumindest aus deutscher Sicht – beschreiben die Autoren im Zusammenhang mit der

Entwicklung des Euro. Die Architekten des Maastricht-Vertrages, insbesondere die aus der Bundesbank, hatten darauf vertraut, die »No bail out«-Klausel in Artikel 104 b würde eine disziplinierende Wirkung der Finanzmärkte auf die Schuldnerländer ausüben, schlicht als Selbstschutz seitens der Gläubiger. In den Jahren vor der großen Krise war ich immer wieder überrascht, wie gleichgültig Marktteilnehmer diese Frage angingen. Hinweise auf den Artikel 104 b wurden mit Unverständnis quittiert, ihre Antwort war lakonisch: »This is all Brussel's risk«, gemeint war natürlich »Berlin's risk«.

Auch hier beschreibt das Buch anschaulich, wie sich die Versprechen, die vor der Einführung der gemeinsamen Währung gegeben wurden, so schnell in Rauch auflösten. Wer Währungen zusammenführt, die volkswirtschaftlich nicht zusammengehören, darf sich nicht wundern, wenn die Europäische Zentralbank nicht ein Abziehbild der Bundesbank geworden ist, sondern eine Mischung aus Federal Reserve und Internationalem Währungsfonds.

An dieser Stelle empfiehlt sich bei der Lektüre eine sehr gute Flasche Rotwein, und das »Lesevergnügen« bleibt auch bis zum Schluss garantiert.

Gerd Häusler

Prolog

Kaum etwas bewegt die Menschen so sehr wie – das Geld. Wir haben wahrscheinlich für keinen anderen Begriff so viele Metaphern geschaffen: Kohle, Mäuse, Zaster, Marie, Bimbes ... Geld beschäftigt die Menschen in allen Sprachen und Regionen der Welt. Es wird besungen, verprasst und gespart. Geld ist zwar nicht alles, haben Psychologen herausgefunden, aber »keine Festung ist so stark, dass Geld sie nicht einnehmen kann«, wusste der Philosoph Cicero schon vor mehr als 2000 Jahren im alten Rom.

Geld ist aber auch empfindlich, scheu wie ein Reh, verderblich wie eine falsch gelagerte Flasche Wein. Deshalb passen speziell dafür ausgebildete Spitzenbeamte in den Zentralbanken überall auf der Welt auf das Geld auf, zumindest sollte das ihr eigentlicher Auftrag sein.

Doch seit der großen Finanzkrise von 2008 erlebt Geld eine Art Wesensveränderung. Zinsen, also der Preis des Geldes, scheinen inzwischen abgeschafft. Die Europäische Zentralbank hält den Zins, zu dem Geschäftsbanken und Sparkassen sich frisches Geld bei ihr besorgen können, inzwischen schon seit Jahren bei null Prozent. Erste Banken vergeben heute Kredite bereits mit negativer Verzinsung. Wer sich also Geld leiht, bekommt dafür sogar noch Zinsen gutgeschrieben. Sparer dagegen leiden bitter unter der neuen Konstellation. Wenn sie früher ihr Geld zur Bank oder Sparkasse trugen, bekamen sie ein paar Prozent Zinsen. Heute müssen sie in einigen Fällen Strafgebühren bezahlen, ihr Vermögen schmilzt von Tag zu Tag.

Neue Technologien wie Blockchain und Kryptowährungen werfen zusätzlich die Frage auf, was das Geld im Innersten überhaupt noch zusammenhält. Nach dem Münzgeld aus der Frühgeschichte und dem neuzeitlichen Papiergeld kam zunächst das Giralgeld, auch Buchgeld genannt. Dabei wird unser heutiges Giralgeld vereinfacht formuliert dadurch geschaffen, dass Banken Kredite vergeben, die dann wieder als Einlage bei einer anderen Bank landen, um so wiederum als Kredit vergeben zu werden. Diese Kette kann theoretisch beliebig lange fortgesetzt werden. Damit wird entgegen der landläufigen Meinung der Großteil unserer modernen Geldmenge nicht von der Zentralbank gedruckt, sondern von den Geschäftsbanken durch Kredite geschöpft. Jetzt aber tauchen neue, bisher völlig unbekannte Formen von Geld auf. Kryptowährungen etwa kommen aus dem Nichts und stehen für nichts, außer dem unorganisierten Einvernehmen der Menschen, sie als Wertaufbewahrungs- und Zahlungsmittel zu akzeptieren. Und verbucht werden sie nicht mehr wie das Giralgeld auf Konten, die bei real existierenden Institutionen wie den Banken liegen, sondern in einer Technologie des übernationalen und institutionenfreien Digitalraumes.

Da mag es auf den ersten Blick beruhigend wirken, dass – wenigstens nach allen offiziellen Verlautbarungen – das Geld halbwegs seine Kaufkraft behält, also seinen Wert. Die Inflationsrate in Deutschland und den übrigen Ländern der Eurozone liegt unter zwei Prozent. Doch die vermeintliche Preisniveaustabilität erleben viele Bürger anders.

Spätestens, wenn sie in einem Ballungsraum eine Wohnung oder ein Haus kaufen wollen, können sie sich leicht ausrechnen, dass sie dafür womöglich doppelt so lange arbeiten müssen wie ihre Eltern. Wenn das nicht Geldentwertung ist …

Keine Frage, das Geldwesen und unser gesamtes Finanzsystem haben sich in den vergangenen Jahrzehnten radikal verändert. Und spätestens in den Jahren nach der Finanzkrise und der Eurokrise mit den beispiellosen Rettungsaktionen von Politik und Zentralbanken sind die Auswirkungen bei allen Menschen angekommen – jeder spürt, dass die Finanzwelt deutlich unsicherer geworden ist.

Vor allem in Deutschland, dem Export- und Sparweltmeister, macht sich eine Mischung aus Ratlosigkeit und Frust breit. An die 5,5 Billionen Euro beträgt das Brutto-Geldvermögen der Deutschen, pro Kopf im Schnitt fast 68.000 Euro. Jahr für Jahr sparen wir zusätzlich mehr als neun Prozent des verfügbaren Einkommens. Doch wir werden dafür so gut wie nicht mehr belohnt. Die Gesamtrendite auf das Ersparte ist im Jahr 2016 auf 2,3 Prozent gefallen, Tendenz sinkend. Inzwischen ist die Rendite mit herkömmlichen Messverfahren kaum noch auszumachen. Und das wenige, das bleibt, wird durch Anlagegebühren aufgezehrt, bevor dann auch noch der Fiskus zugreift.

Lohnt es sich heute überhaupt noch zu sparen? Kommt, wie viele fürchten, die Inflation zurück und entwertet in den kommenden Jahren die Ersparnisse zusätzlich? Und wenn die alten Spielregeln im Geldwesen nicht mehr gelten, das altbewährte Anreizsystem des Marktmechanismus mit Belohnung (für Sparen) und Bestrafung (für das Schuldenmachen) abgeschafft ist: Nach welchen Spielregeln tickt unser Finanzsystem in Zukunft? Und wie kann ich mein Geld so anlegen, dass es wenigstens seinen Wert behält, vielleicht auch noch eine kleine Verzinsung erwirtschaftet?

Wir wollen in dieser komplizierten Gemengelage etwas Orientierung geben. Wenn wir aber Aussagen darüber machen wollen, in welche Richtung sich das Finanzwesen in Zukunft entwickeln wird und wie man sich als Anleger am besten positioniert, muss man erst einmal wissen, wie es zu dieser Situation gekommen sind. Genauer: Warum ist es eigentlich zum großen Crash 2008 gekommen, wieso musste eine jahrzehntelange Entwicklung auf den Märkten so enden?

Wir – das sind Leonhard Fischer und Arno Balzer. Wir haben den Aufstieg und Fall des Finanzmarkt-Kapitalismus hautnah erlebt. Leonhard Fischer als Banker und Topmanager in Frankfurt und London, New York und Zürich, Arno Balzer als Wirtschaftsjournalist und Chefredakteur in Hamburg. Es war eine aufregende Zeit! Jeder von uns hat seine Meinung zu den Ursachen von Krise und Crash. Der Journalist eröffnet den Disput auch gleich mit einer steilen These: Vor allem die Gier der Banker sei daran schuld. Der Banker winkt ab. Klar, es habe jede Menge gierige Banker gegeben, und fügt lachend hinzu, »dass wir Banker nicht klug genug sind, um so ein Riesendesaster wie den Crash von 2008 allein anzurichten«.

Die tieferen Gründe lägen woanders. Aber wo, fragt Balzer. Fischer beginnt zu erzählen, Balzer fragt nach, Fischer erklärt, Balzer macht sich Notizen ... Das Ergebnis vieler und stundenlanger Gespräche lesen Sie in diesem Buch. Wir wollen darin das Geschehen auf den Finanzmärkten, die Gründe für Krisen und Crashs und die Perspektiven für die Zukunft des Geldwesens vor allem aus unseren Erlebnissen und Beobachtungen erklären. Die Erlebnisse beziehen sich natürlich in erster Linie auf den Banker Fischer, der seit den 1980er-Jahren in den Märkten operiert. Der Journalist Balzer ist zwar ähnlich lange aktiv, allerdings als Beobachter der Finanzzunft. Geschrieben ist das Buch in der Wir-Form. Bei den persönlichen Erlebnissen von Leonhard Fischer wechseln wir dann aber in die Ich-Form. Erwarten Sie von uns bitte keine akademische Abhandlung. Uns geht es darum aufzuschreiben, was mit unserem Finanzsystem passiert ist, und zu erklären, warum das passiert ist – und zwar so, dass möglichst jeder es verstehen kann.

Ganz ohne Theorie kommen wir freilich auch nicht aus. Denn es sind nicht zuletzt Wissenschaftler, die mit ihren Denkmodellen vor mehr als drei Jahrzehnten ein neues Dogma für die Finanzgemeinde geschaffen haben, einen Glaubenssatz, der das Denken und Handeln aller Akteure und Mitspieler an den Finanzmärkten in den vergangenen Dekaden prägen sollte.

Es ist der Start in eine aufregende Zeit gewesen, eine neue Ära, in der das olympische Prinzip Einzug in den Kapitalismus gehalten hat. Und das in doppelter Hinsicht:

»Dabei sein ist alles« natürlich, vor allem aber »Schneller, höher, weiter«. Ein kreativer, grenzenloser Kapitalismus hat sich entwickelt, der bisherige ökonomische Regeln vergessen lässt. Mehr noch: Alte Beschränkungen wie die Macht wirtschaftlicher Ungleichgewichte im Außenhandel eines Landes scheinen auf einmal überwindbar. Alles oder wenigstens fast alles ist jetzt möglich, das jedenfalls glaubt jeder – bis dann die Finanzkrise 2008 auf brutale Weise klarmacht, dass wir doch nicht im Wirtschaftsparadies leben.

Der Schock wirkt nach, bis heute. Und es gehört wohl zu den sozialpsychologisch nachvollziehbaren Erklärungsversuchen, gierige Banker, namentlich Investmentbanker, für den Aufstieg des Finanzkapitalismus in den vergangenen mehr als 30 Jahren und vor allem seinen Fall und die Folgen verantwortlich zu machen.

Gewiss, sie sind dabei gewesen. Banker nutzen die Möglichkeiten der neuen Wirtschaftswelt. Aber sie sind nur eine Gruppe von Akteuren in diesem Spiel, vielleicht gar nicht einmal die wichtigste. Und es geht keineswegs nur um Gier. Es geht um etwas weit Größeres.

Wer wissen will, warum unser Finanzsystem und Geldwesen, ja unser gesamtes Wirtschaftssystem, heute in einer Identitätskrise steckt, wer nach Lösungen suchen will, wie wir da wieder rauskommen können, der muss erst einmal wissen, wie wir da reingeraten sind. Und das beginnt mit Eugen Fama, einem hochdekorierten Wirtschaftswissenschaftler der Universität Chicago, und seiner Hypothese vom effizienten Markt. Famas Botschaft, Märkte seien effizient, alle verfügbaren Informationen seien in den Preisen enthalten, löst an den Finanzmärkten eine Revolution aus. Das liegt freilich nicht nur an der Kraft von Famas Idee. Die entfaltet ihr explosives Potenzial vor allem deshalb, weil andere wichtige Komponenten dazukommen.

Notenbankchefs entwickeln sich auf einmal zu den zentralen Mitspielern an den Finanzmärkten. Wenn eine Krise droht oder gar ausbricht, werden sie regelmäßig zu den entscheidenden Akteuren.

Politiker treiben in den 1980er-Jahren die Deregulierung voran. Sie befreien die Märkte von bürokratischen Fesseln und sorgen für ein freies Spiel der Kräfte – nach dem Motto, der Markt selbst regelt alles am besten. Spätestens mit dem Fall der Berliner Mauer, der Auflösung des Ostblocks und dem Ende des Kommunismus exportiert sich das neue kapitalistische Gedankengut in den Rest der Welt – die Globalisierungswelle rollt.

Zusätzlich liefert die Lehre vom Shareholder Value Topmanagern, Investoren und Heerscharen von Unternehmensberatern eine neue, weithin akzeptierte Leitkultur. Ihre Forderung, die Unternehmenschefs sollten sich voll und ganz darauf fokussieren, den Unternehmenswert zu maximieren, wird zum alleinigen Maßstab für erfolgreiche Unternehmensführung.

Ein zentraler und allgemein viel zu wenig zur Kenntnis genommener Treiber für den neuen Finanzkapitalismus aber sind Computer und Innovationen in der Informationstechnik. Mit dem Internet, das die Computer miteinander vernetzt, revolutioniert sich der internationale Datenaustausch. Computer & Co. passen zu Famas Lehre vom effizienten Markt wie Nitro zu Glycerin. So wie die Verabreichung des kombinierten Wirkstoffs Leben retten kann und die Schmerzen einer Angina Pectoris nimmt, scheint das Bündnis aus Technik und Theorie die Finanzmärkte auf einmal kalkulierbar zu machen. Wenn Märkte nämlich effizient sind, dann sind auch ihre wichtigsten Parameter exakt messbar, etwa Differenzen zwischen optimalen und tatsächlichen Preisen. Und wenn Märkte messbar sind, sind sie dann nicht auch berechenbar?

Jetzt können die Hypothesen findiger Finanzmathematiker empirisch überprüft werden, Preismodelle für Aktien oder Anleihen und Theorien über die optimale Zusammenstellung eines Wertpapierportfolios entwickelt werden. Massenhaftes Sammeln, Aufbereiten und Auswerten von Marktdaten ist dank ausgeklügelter Computerprogramme per Tastendruck möglich. Nerds strömen in die Branche. Und dank immer leistungsfähigerer Rechner und höher entwickelter Software können immer komplexere Prognose- und Risikomodelle eingesetzt werden.

Die einzelnen Komponenten des neuen globalen Kapitalismus – Technik, Theorien und Finanzmathematik – wirken auf Banker (auch Notenbanker) und Politiker, IT-Profis und Wissenschaftler, Großinvestoren und Kleinanleger offenbar ähnlich faszinierend wie eine geheimnisvolle Supermixtur auf die Alchimisten des Mittelalters: Jetzt scheint es tatsächlich möglich, aus Blei Gold zu machen, die Zukunft an den Finanzmärkten zu managen – allerdings mit einem gewaltigen Unterschied zur Alchemie. Diesmal sind es aufgeklärte Wissenschaftler, Technik-Nerds und brillante Finanzmathematiker, die endlich die Formel für Wachstum und Wohlstand gefunden zu haben scheinen.

Nein, es ist nicht nur die Gier einiger weniger gewesen, es ist vielmehr der Glaube vieler, dass modernes Risikomanagement, leistungsfähige Computertechnologie und offene, globalisierte Märkte die alten wirtschaftlichen Gesetze endlich ausgehebelt haben – es ist wie eine Religion, an die alle glauben wollen. Und wenn doch mal eine Panne passieren sollte, wenn die Märkte sich doch nicht so verhalten, wie die Programme es vorhersagen, dann können das ja immer noch die Notenbanken ausbügeln. Um dann mit noch besseren Programmen und Computern die Zukunft an den Märkten noch effektiver steuern zu können.

Es ist ein Irrglaube, wie sich spätestens beim Finanzcrash 2008 herausgestellt hat. Und dieser Crash ist nicht etwa ein Unfall, er ist Folge einer programmierten Krise, angelegt durch eine Kombination verschiedener Faktoren:

- Einer Vermischung aus realwirtschaftlicher Globalisierung mit durchaus segensreichen Wachstumseffekten in vielen Schwellenländern, aber großen, nachhaltigen Defiziten und ungelösten Widersprüchen.
- Einer Finanzwirtschaft, die diese Ungleichgewichte nur allzu gern finanziert, dabei ihre Bilanzen und Ge-

winne aufbläht. Das geschieht in dem tiefen Glauben, mittels aufwendiger Metadatenverarbeitung und intelligenter Algorithmen die Risiken nicht zu erhöhen – im Gegenteil: Dank der Computersteuerung ist man überzeugt, sie faktisch zu senken.

- Politikern, die nur allzu gern fehlendes Wirtschaftswachstum mit immer neuen Schulden zudecken können.
- Und schließlich Zentralbanken, die ihr Mandat immer weiter ausweiten und neben der Geld- und Zinspolitik zu ständig einsatzbereiten Notfallärzten des Finanz- und Wirtschaftssystems werden.

All dies ist eingebettet in die tiefe Überzeugung aller beteiligten Akteure an die Unfehlbarkeit der Märkte – und fertig ist das Märchen von der modernen Finanzalchemie.

Wir wollen zeigen, wie gleich und doch anders die Situation Ende der 1970er-Jahre, als der neue Finanzmarkt-Kapitalismus startet, im Vergleich zu heute ist. Anders, weil die Symptome andere sind: Damals leidet die Welt an einer Inflation bei den Verbraucherpreisen, heute krankt sie an einer Inflation bei den Vermögenspreisen, bei Immobilien zum Beispiel. Gleich ist die Situation, weil es um einen Paradigmenwechsel in der Wirtschaftspolitik geht. Vor knapp 40 Jahren ist es der Entschluss, die Inflation zu bekämpfen, in breitem internationalen Konsens die Märkte zu öffnen und den Handel zu liberalisieren. Heute reden Politiker wieder über Abschottung und Protektionismus.

Vor allem aber haben die weltwirtschaftlichen Ungleichgewichte der vergangenen Jahre eine völlig neue Herausforderung für uns alle entstehen lassen: Auf der einen Seite stehen die großen Schuldnerländer, allen voran die USA und einige Staaten Südeuropas. Auf der anderen Seite befinden sich die großen Gläubigernationen, allen voran China und Deutschland. Ob und wie ein Interessensausgleich zwischen Gläubigern und Schuldnern gelingen wird und wie dieser Interessensausgleich aussehen kann, gehört dabei zu den zentralen Fragen.

Das Buch wird Ihnen das aus unserer Sicht wahrscheinlichste Szenario präsentieren: Wer sind künftig die Macher an den Märkten, wie werden sie sich wahrscheinlich verhalten, und was bedeutet das für die Zukunft des Geldes und seiner wichtigsten Kennzahlen, den Zins und die Inflation? Das liefert eine Basis, um einige Empfehlungen für den Umgang mit Ihrem Geld geben zu können.

Doch jetzt lassen Sie uns mit der Zeitreise in das Jahr 1979 starten, als das Wirtschaftswachstum niedrig, die Inflation hoch ist und unbesiegbar erscheint, das Jahr, in dem auch das Fundament der heutigen Geld- und Finanzmarktordnung gelegt wird.

Es war einmal

1. DAS »SATURDAY NIGHT MASSACRE«

Belgrad, Dienstag, 2. Oktober 1979. Mehr als 6000 Bankiers und Finanziers, Minister und Spitzenbeamte kommen in der Hauptstadt Jugoslawiens zum Herbsttreffen des Internationalen Währungsfonds (IWF) und der Weltbank zusammen. Die Konferenz ist eine Erstaufführung. Zum ersten Mal trifft sich die gesamte internationale Finanzgemeinde in einem kommunistischen Land.

Jugoslawiens Regierungschef Josip Broz Tito hat das Land mit allem, was seine Variante der Planwirtschaft hergibt, auf die hochkarätigen Besucher aus aller Welt vorbereitet: Er hat ein neues Flughafen-Terminal errichten lassen, die Hotelkette Intercontinental hat in weniger als einem Jahr eine Fünf-Sterne-Herberge hochgezogen. Alle besseren Hotels im Umkreis von rund 100 Kilometern um Belgrad sind für die hochkarätigen und devisenbringenden Gäste reserviert. Und weil auch das nicht reicht, dürfen Privatleute Quartiere vermieten, ein Doppelzimmer für bis zu 350 Dollar die Nacht. Eine deutsche Bank bucht gar eine komplette Villa im Nobelvorort Dedinje, wo auch Präsident Tito residiert, für 36.000 Dollar.

Große Sorgen bringt die US-Delegation mit. Die wirtschaftliche Lage in den Vereinigten Staaten ist zu dieser

Zeit angespannt, die Stimmung frustrierend. Wirtschaftswachstum können die Experten fast nur noch mit der Lupe ausmachen, Inflation dagegen umso leichter. Die Teuerungsrate liegt bei über zehn Prozent, Tendenz steigend. Kurz vor der IWF-Tagung melden die Statistiker einen Anstieg der Erzeugerpreise um 17 Prozent, der größte Zuwachs seit fünf Jahren. Und der Dollar schmiert um vier Prozent gegenüber der D-Mark ab, ausgerechnet kurz vor einem Treffen mit dem deutschen Bundeskanzler Helmut Schmidt, für das Paul A. Volcker, der neue Chef der amerikanischen Zentralbank, auf dem Flug von Washington nach Belgrad einen Zwischenstopp in Hamburg einlegt.

Direkt nach dem Antrittsbesuch bei Schmidt geht es weiter nach Jugoslawien, und die Probleme fliegen mit. Am meisten Angst macht der Carter-Administration die wieder anziehende Arbeitslosenrate. Im Weißen Haus ist es abgemachte Sache, dass die Zentralbank im Herbst die Zinsen senken wird, ein Jahr vor der Präsidentschaftswahl kann sich die Regierung keine noch schwächere Wirtschaft leisten.

Volcker dagegen nimmt die anschwellende Teuerungswelle als persönliche Herausforderung. Erst wenige Wochen zuvor hat Präsident Jimmy Carter den Harvard-Absolventen zum Chairman des Federal Reserve Boards (Fed) ernannt, wie die Zentralbank offiziell heißt. Bei seiner Anhörung vor dem Kongress hat Volcker klargemacht, was Inflation für ihn bedeute: Sie sei »Staatsfeind Nummer eins«. Und die Nervosität der Märkte verstärkt seine Sorgen noch.

Eine Rede seines Vorvorgängers Arthur Burns zum Auftakt des IWF-Treffens in Belgrad steigert die Nervosität bei Investoren, aber auch bei Notenbankern. Burns hat gesagt, es sei eine Illusion zu glauben, die Zentralbanken können die Lohn-Preis-Spirale beenden. Im Klartext hieße das: Die Zentralbanker glauben selbst nicht mehr daran, dass sie die Inflation erfolgreich bekämpfen können. Einen Tag später springt der Goldpreis um vier Prozent nach oben.

Volcker hält es jetzt nicht mehr in Belgrad. Er fliegt vorzeitig zurück nach Washington, um dort die Arbeiten am sogenannten *Axilrod-Sternlight-Memorandum* fertigzustellen. Eine Taskforce, geleitet von den Fed-Experten Stephen Axilrod und Peter Sternlight, soll in seinem Auftrag ein neues geldpolitisches Konzept zur Inflationsbekämpfung ausarbeiten.

Volckers vorzeitige Abreise aus Belgrad verschärft die Nervosität an den Märkten. Die Angst vor einer galoppierenden Inflation geht um, der Goldpreis springt noch einmal nach oben, diesmal sogar um sechs Prozent.

Washington, Samstag, 6. Oktober 1979. Urlaubsstimmung in den USA. Am darauffolgenden Montag ist Columbus Day, ein gesetzlicher Feiertag in den meisten Bundesstaaten. Viele Menschen nutzen das verlängerte Wochenende für einen Trip aufs Land, die Städte sind wie leer gefegt.

Nur im Eccles Building, der Zentrale der amerikanischen Notenbank, herrscht angespannte Betriebsamkeit.

Paul Volcker, ihr Chef, hat die Mitglieder des Federal Open Market Committee, vergleichbar dem Zentralbankrat der Bundesbank und damit das wichtigste Entscheidungsgremium für die Geldpolitik, zu einer außerplanmäßigen und streng vertraulichen Sitzung nach Washington gebeten.

In einer Telefonkonferenz am Vortag hat der Fed-Chairman die Mitglieder des Gremiums eingeschworen: Das Treffen, bei dem über das neue geldpolitische Memorandum gesprochen und über Maßnahmen entschieden werden solle, sei höchst vertraulich, jede Indiskretion müsse unbedingt vermieden werden. Er empfiehlt seinen Fed-Kollegen, so konspirativ wie möglich in die Hauptstadt zu reisen und in unterschiedlichen Hotels abzusteigen. »Paul Volcker klang bei der Telefonkonferenz wie James Bond«, schreibt später ein *Bloomberg*-Redakteur.

Alle Konferenzteilnehmer halten dicht. Umso überraschter sind die Journalisten, als sie am Samstag zu einer kurzfristig angesetzten Pressekonferenz in die Zentrale des Federal Reserve Board gerufen werden. Der Chef des Washingtoner Büros des Fernsehsenders CBS fragt noch in der Presseabteilung der Fed nach, ob er das einzige TV-Team, das ihm an diesem verlängerten Wochenende zur Verfügung stehe, tatsächlich zu Volckers Pressekonferenz schicken solle oder ob es vielleicht nicht doch Aufnahmen vom Besuch Papst Johannes Pauls II. drehen könne. Die Antwort des Sprechers: An die Pressekonferenz der Fed werde sich der Journalist noch erinnern, wenn der Papst schon längst abgereist sei.

Das ist nicht übertrieben. Vor mehr als 50 Reportern, viele von ihnen in Freizeitkleidung, verkündet Volcker eine Kampfansage an die Inflation: Die US-Notenbank erhöht den Diskontsatz – den Zins, zu dem Banken sich Geld bei ihr beschaffen können. Doch diese Erhöhung, wenn auch unerwartet, ist nicht das wirkliche Hauptereignis dieses denkwürdigen Abends. Volcker führt über Nacht die Geldmengensteuerung und damit den sogenannten Monetarismus als neues Maß aller Dinge für die Fed ein.

Die Monetaristen gehen davon aus, dass Inflation – simpel ausgedrückt – das Ergebnis von zu viel Geld ist und die Hauptaufgabe einer Zentralbank darin besteht, dafür zu sorgen, dass die Geldmenge nicht stärker zunimmt als das Wachstumspotenzial der Volkswirtschaft. Volckers Theorieschwenk kommt einer Revolution gleich. Zu dieser Zeit kann man sich die kapitalistische Welt eigentlich nur noch mit reichlich Inflation vorstellen. Sein Mut zur geldpolitischen Wende könnte auch heutigen Notenbankern als Vorbild dienen. Schließlich riskiert der Fed-Chef Ärger an allen Fronten, mit der Politik, mit den Märkten, mit allen, weil er von seinem Ziel, die Inflation zu bekämpfen, zutiefst überzeugt ist. Dagegen erscheinen die Zentralbanken heute eher wie ein Reparaturbetrieb für die Fehlleistungen der Märkte und der Politik.

Volckers Ankündigung geht als »Saturday Night Massacre« in die Wirtschaftsgeschichte ein. Die martialische Formulierung trifft durchaus zu, denn der Fed-Chef lässt die kurzfristigen Zinsen auf astronomische 20 Prozent steigen und schickt die Börsen auf Talfahrt. Der Dow-Jones-Index stürzt in vier Wochen von knapp 900 Punkten auf unter 800. Die Rendite dreimonatiger Staatsanleihen steigt von rund acht Prozent Ende September 1979 auf 12,5 Prozent zum Jahresende. Prominentestes Opfer wird eine Milliarden-Dollar-Anleihe, die der amerikanische Computerkonzern IBM einen Tag vor Volckers Pressekonferenz offeriert hat. Die meisten der beteiligten 225 Emissionsbanken haben noch nicht große Pakete an Kunden verkauft; die Zinserhöhung fügt ihnen zum Teil heftige Verluste zu. Lediglich die Investmentbank Salomon Brothers, von der später noch zu lesen sein wird, hat bereits so gut wie alle ihre Anleihen platziert.

Volcker selbst ist von den Schockwellen seiner Maßnahmen nicht überrascht. »Vor uns liegen einige schwierige Anpassungen«, sagt er in einem Fernsehinterview. Andere reagieren umso geschockter. Der amtierende Präsident Jimmy Carter ist sauer, dass Volcker ausgerechnet knapp ein Jahr vor der Präsidentschaftswahl die Rosskur startet. Autohändler gehen auf die Straße, weil Finanzierungen nun teurer werden. Massenhaft gehen Protestbriefe von Hauskäufern bei Volcker ein, weil die Menschen nicht wissen, wie sie die höheren Kreditzinsen bezahlen sollen.

Die »Anpassungen«, die Volcker auslöst, sind in der Tat schmerzhaft. Als Folge der dramatisch gestiegenen Zinsen stürzt die Wirtschaft in eine Rezession. Diese Konjunkturkrise ist gewissermaßen der Preis für die Bekämpfung der Teuerung. Doch die Operation gelingt, wenn auch mit einer Zeitverzögerung. 1980 liegt die Inflationsrate noch bei 13,5 Prozent, dann geht sie Jahr für Jahr runter: Von 10,3 Prozent auf 6,2 Prozent, dann auf 4,3 Prozent, erreicht sie 1983 schließlich 3,2 Prozent. Es dauert einige Jahre, bis die Inflation wirklich aus den Statistiken, und noch einige Zeit mehr, bis sie auch aus den Köpfen verschwindet.

Wie wirkt der Zins?

Keine Sorge, hier folgt jetzt keine finanzmathematische Abhandlung für Studierende der Wirtschaftswissenschaften. Wir wollen den Sparern nur vor Augen führen, was mit ihrem Geld passiert, wenn der Zins gewissermaßen »abgeschafft« ist. Nehmen wir an, Sie wollen für Ihre Altersversorgung einen Zerobond kaufen, hierzulande auch Nullkuponanleihe genannt: Laufzeit 30 Jahre, am Ende kassiert der Inhaber des Bonds 100 Euro.

Bei einem Zinssatz von 15 Prozent, wie er in den USA in den 1980er-Jahren zeitweise erreicht worden ist, würde ihn eine solche Anleihe zum Ausgangszeitpunkt rund 1,50 Euro kosten. Bei zehn Prozent Zinsen wäre sie schon etwas teurer: 5,70 Euro. Das geht aber noch. Setzen wir das Zinsniveau auf drei Prozent, müsste man für den Zerobond schon mehr als 41 Euro bezahlen; bei zwei Prozent wären es sogar rund 55 Euro. Und bei einem Prozent: fast 74 Euro! Nullzinsen bedeuten damit faktisch nichts anderes als eine Enteignung der Sparer.

Diese Zahlen und den besonders bei längeren Laufzeiten mächtigen Zinseszins-Effekt sollten Anleger immer im Hinterkopf behalten. Sie liefern ihnen einen Hinweis, was derzeit mit ihrem Geld passiert und welche Folgen das für sie hat. Viele Menschen unterschätzen diesen Effekt, darunter womöglich auch mancher Finanzprofi.

Volckers Entschlossenheit, die Inflation konsequent und ein für alle Mal zu bekämpfen, wird belohnt. Ihre Rate schwankt seitdem zwischen einem Höchstwert von 4,3 Prozent und minus 0,4 Prozent, bis heute. Die bitteren, zum Glück aber nur kurzfristigen Kosten der geldpolitischen Wende treffen den Arbeitsmarkt dafür umso heftiger: Die Arbeitslosenquote steigt von 7,2 Prozent (1980) auf knapp unter zehn Prozent 1982.

Es sollen nicht die einzigen Folgen bleiben.

2. EINE WIRTSCHAFTSPOLITISCHE REVOLUTION

»Make America Great Again« – lasst uns Amerika wieder groß machen. Sie kennen sicher den Slogan, mit dem Donald Trump 2016 für die Republikaner in den amerikanischen Wahlkampf gezogen ist, sich gegen Hillary Clinton durchgesetzt hat und 45. Präsident der USA geworden ist. Die Älteren unter Ihnen aber werden sich vielleicht erinnern, dass Trump nicht der erste Politiker gewesen ist, der mit diesem Aufruf eine Wahl gewonnen hat.

1980 geht Ronald Reagan für die Republikaner mit der Parole »Let's Make America Great Again« in den Wahlkampf gegen den amtierenden Präsidenten Jimmy Carter. Versetzt man sich ein wenig in das Amerika Ende der 1970er-Jahre, kann man leicht nachvollziehen, warum Reagans Slogan bei den Wählern gut ankommt und er Carter bei der Wahl um fast zehn Prozentpunkte hinter sich lässt.

Eine Mischung aus Frust und Pessimismus prägt die Stimmung vieler Bürger in dieser Zeit. Die Watergate-Affäre, über die Richard Nixon 1974 gestürzt war, hat das Vertrauen in die politische Elite erschüttert. Das Trauma des verlorenen Vietnamkrieges belastet die Menschen und das Staatsbudget. Die Amerikaner durchleben, gefühlt, ein verlorenes Jahrzehnt.

Die wirtschaftliche Lage verstärkt die depressive Stimmung noch. Das Wirtschaftswachstum rangiert zwischen kaum wahrnehmbar und gering, die Teuerungswelle rollt umso heftiger, mit Steigerungsraten von bis zu 13 Prozent. Und die Arbeitslosenquote pendelt zwischen sechs und acht Prozent. In dieser Gemengelage wird der Begriff »Stagflation« geboren – eine stagnierende Wirtschaft bei gleichzeitiger hoher Inflation.

Ganz ähnlich, nein, schlimmer noch sind die Zustände in England. Kaum Wachstum, steigende Arbeitslosigkeit, galoppierende Inflation (bis auf 27 Prozent im Winter 1978), dazu Massenstreiks und Massenproteste bis hin zur Anarchie – das Land steckt in einer Systemkrise und ist faktisch pleite. Die Arbeitsproduktivität liegt auf dem Niveau der DDR, der Spitzensteuersatz bei mehr als 80 Prozent, die Perspektive ist düster. »Kein Land hat bis jetzt den Weg vom entwickelten zum unterentwickelten Land zustande gebracht, Großbritannien könnte das erste sein«, schreibt *The Guardian* damals.

Um den finanziellen Ruin abzuwenden, muss Premierminister James Callaghan den Internationalen Währungsfonds um einen Kredit über die seinerzeit sagenhafte Summe von 3,9 Milliarden Dollar anpumpen. Das verschafft dem Land etwas Luft, nicht aber Callaghan. Dem Labour-Politiker wird zunehmend klar, dass seine Regierung abgewirtschaftet hat. »Es gibt Zeiten, vielleicht alle 30 Jahre, da findet in der Politik ein Gezeitenwechsel statt«, sinniert Callaghan im Wahlkampf 1979, »ich glaube, jetzt ist so ein Gezeitenwechsel, und er ist zugunsten Frau Thatchers.«

Margaret Hilda Thatcher, kurz Maggie Thatcher, gewinnt die Wahl, weil sie der komplette Gegenentwurf zu James Callaghan ist, so wie jenseits des Atlantiks Ronald Reagan zu Jimmy Carter. Die scheidenden Amtsinhaber sind ideologisch stark beeinflusst von eher linkem, sozialistischem Gedankengut, von keynesianischer, nachfrageorientierter Wirtschaftspolitik und von Umverteilung; sie setzen, auch in der Wirtschaft, auf einen starken Staat. Die Herausforderer Thatcher und Reagan propagieren das Gegenteil. Sie stehen für eine liberale Revolution: für eine angebotsorientierte Wirtschaftspolitik, für freie Märkte, Privatisierung und Steuersenkungen – für das Individuum und nicht für das Kollektiv.

Beide sehen die Zeit für eine ideologische Zeitenwende gekommen. Der Westen ist nach dem Zweiten Weltkrieg, unter dem Eindruck von Millionen Toten und der anschließenden Bedrohung durch den Kommunismus einer simplen Maxime gefolgt: Stabilität, weniger Risiko und mehr Gleichheit sind wichtiger, als die letzte Effizienz aus der Wirtschaft herauszuholen. Dieser Kurs beschert durchaus Jahrzehnte des Wohlstands. Doch jetzt stößt diese alte Wirtschaftspolitik an Grenzen, nicht zuletzt an ökonomische Grenzen. Thatcher und Reagan setzen der Nachkriegsordnung ein neues Credo entgegen: Mehr Freiheit, Risiko und Ungleichheit wagen, Freihandel und Deregulierung für mehr Wirtschaftswachstum.

In beiden Fällen, bei Thatchers Wahlsieg im Mai 1979 wie auch bei Reagans Einzug ins Weiße Haus Anfang 1981, lösen die Wahlen einen Paradigmenwechsel aus, einen marktwirtschaftlichen Aufbruch, der Wirtschaft und weltweite Finanzökonomie unter den Schlagworten Thatcherismus und Reaganomics für Dekaden prägen wird. Und beide Regierungschefs scheint eine gewisse Freude an radikaler und konsequenter Umsetzung zu verbinden.

Reagan senkt den Spitzensteuersatz für Einkommen von 70 auf am Ende 28 Prozent, reduziert die Unternehmenssteuern, streicht Subventionen, baut Bürokratie ab, vereinfacht das Steuerrecht, zerschlägt und privatisiert den staatlichen Telekommunikationsmonopolisten AT & T. Sein Kurswechsel wirkt, wenn auch mit Verzögerung. Die Arbeitslosenquote (1982 noch bei 9,7 Prozent) fällt bis zum Ende seiner achtjährigen Amtszeit auf knapp über fünf Prozent, Pro-Kopf-Einkommen und Wirtschaftswachstum legen zu, auf drei bis vier Prozent in der zweiten Hälfte der 1980er-Jahre. Selbst die Inflation fällt, von 13,5 Prozent im Jahr seiner Wahl auf 4,4 Prozent am Ende seiner Präsidentschaft. Der erfolgreiche Kampf gegen die Teuerung ist freilich vor allem das Verdienst des neuen Notenbankchefs Paul Volcker und seiner strengen Geldpolitik.

Für ihren Wohlstandszuwachs in der Ära Reagan müssen die Amerikaner allerdings einen Preis bezahlen. Die Staatsverschuldung der USA verdreifacht sich in den acht Jahren von knapp einer Billion Dollar auf fast drei Billionen Dollar – ein Umstand, der uns in diesem Buch noch intensiver beschäftigen wird.

Wohl noch radikaler als Reagan setzt die britische Premierministerin Maggie Thatcher ihren wirtschaftspolitischen Kurswechsel um – nicht zuletzt, weil sich die Lage im Vereinigten Königreich zugespitzt hat. Sie fährt den Einfluss des Staates auf die Wirtschaft kräftig nach unten und privatisiert die wichtigsten öffentlichen Unternehmen (von British Telecom über den Ölkonzern British Petrolium bis zu British Airways). Ihrem Ruf als »Eiserne Lady« – die Wortschöpfung kreiert 1976 ein Kommentator von Radio Moskau – wird sie aber vor allem im Kampf gegen die übermächtigen Gewerkschaften gerecht. Dazu muss man wissen, dass ab Mitte der 1970er-Jahre Streiks und mit aller Härte ausgetragene Arbeitskämpfe mehr und mehr zum Alltag der Menschen in Großbritannien gehören. Und Maggie Thatcher ist bereit, im Namen des Vereinigten Königreichs den Kreuzzug gegen die militanten Gewerkschaften anzuführen. Spätestens nach dem Falklandkrieg, der sie zur Nationalheldin macht, ist sie politisch auch stark genug dafür.

Die entscheidende Schlacht findet mit der Bergarbeitergewerkschaft statt. Thatcher will die Minen privatisieren, die Gewerkschaft tut alles, um das zu verhindern, und fordert darüber hinaus noch happige Lohnsteigerungen. Länger als ein Jahr dauert die Auseinandersetzung. Und Thatcher trifft die Gewerkschaft schließlich dort, wo es am schmerzhaftesten ist: beim Geld. Als sich die Streikkasse schließlich leert und die Gewerkschaft keine Streikgelder mehr auszahlen kann, findet der Arbeitskampf sein Ende.

Mit diesem Sieg startet Thatcher die Entmachtung der Gewerkschaftsbewegung. Sie schafft die sogenannten *Closed Shops* ab, die gesetzlich vorgeschriebene Zwangsmitgliedschaft für Mitarbeiter vieler Firmen, und verbietet *Flying Pickets*, den Einsatz von Streikposten, die nicht dem bestreikten Unternehmen angehören.

Die drei politischen Erdbeben – im Sommer 1979 die Wahl von Maggie Thatcher, dann im Oktober desselben Jahres der radikale Kurswechsel der Fed durch Paul Volcker mit dem »Saturday Night Massacre«, was dann drittens ein Jahr später mit zur Wahl von Reagan führt – verändern die Politik an drei zentralen Stellschrauben: In der Geldpolitik erhält die Geldmengensteuerung des Monetarismus Einzug, die Bekämpfung der Inflation bekommt somit Vorrang. In der Fiskalpolitik werden Steuern gesenkt und die soziale Umverteilung zurückgedrängt, um Wachstum zu erzeugen. Und in der Strukturpolitik kommt es zu Deregulierung und Freihandel. Über allem, als intellektuelles »Über-Ich« sozusagen, steht der Glaube an die unbedingte Überlegenheit freier Märkte.

Der politische Kurswechsel wirkt auch direkt auf die Strategie der Unternehmen. An die Stelle des auf Stabilität und Ausgleich setzenden Mischkonzerns tritt der Effizienzgedanke des fokussierten internationalen Konzerns – die Geburtsstunde der sogenannten Global Player.

Dieser neue Ansatz bringt zunächst enorme Erfolge. Die Stagflation wird besiegt, es kommt zur Globalisierung, also zu stark zunehmender internationaler Verflechtung in Wirtschaft und Politik. Der Welthandel floriert, Importe und Exporte wachsen kräftig. Die Globalisierung ermöglicht vielen Ländern der Welt einen ungemeinen Aufschwung und stiftet durchaus viel Segen. Aber wie so oft bei Wendemanövern kommt es auch hier zu Übertreibungen und konterkarierenden Aktionen, die neue Wirtschaftspolitik bleibt nicht ohne innere Widersprüche.

Einer der entscheidendsten: Dem Glauben an die Kraft des freien Marktes wird eine umfassende Rettungskultur an die Seite gestellt, sobald es an den Märkten einmal nicht rundläuft. Eine Entscheidung, die nicht nur in ökonomischer Hinsicht unverständlich ist, sondern sich auch gesellschaftspolitisch als ausgesprochen problematisch erweist. Denn eine Folge dieser Rettungskultur, die in der Finanzkrise von 2008 und der Eurokrise von 2010/11 ihren vorläufigen Höhepunkt erreicht, ist eine Privatisierung der Gewinne und eine Sozialisierung der Verluste. Solange Börsenkurse und Immobilienpreise steigen, machen private Investoren aus der Schicht der eher Besserverdienenden Gewinne. Brechen die Märkte ein, tun Notenbank und Staat alles, um Preise und Kurse wieder zu stabilisieren – mit Milliarden von Steuergeldern, also auf Kosten der Allgemeinheit.

In den ersten Jahren ist von solchen Nebenwirkungen noch nichts zu spüren. Der Paradigmenwechsel entfacht eine lange nicht gekannte Aufbruchsstimmung. Und von Anfang an und besonders massiv werden die Finanzmärkte und Banken von dem Paradigmenwechsel erfasst.

Maggie Thatcher und Ronald Reagan geht es freilich nicht nur darum, Verkrustungen und überkommene Machtstrukturen aufzubrechen, um die Wirtschaft voranzubringen. Ihre Auffassung von Freiheit ist fundamentaler und umfassender, auch und gerade im Finanzsektor. Mit zum Teil unterschiedlichen Maßnahmen, letztlich aber ähnlichen Ergebnissen legt das angelsächsische Führungsduo auch die Grundlagen für den modernen Finanzkapitalismus und die Neuordnung der internationalen Finanzszene.

Margaret Thatcher zerstört die alte Arbeitswelt der City of London mit einem Paukenschlag, dem *Big Bang*, am 27. Oktober 1986. Per Gesetz hebt sie die Trennung von Geschäftsbanken und Investmentbanken auf, die bis dahin ausschließlich das Einlagen- und Kreditgeschäft beziehungsweise das Wertpapiergeschäft betreiben dürfen, aber nicht beides. Sie schafft feste Courtagen für die Vermittlung von Wertpapiergeschäften ab und gibt den Wettbewerb im Geldwesen frei. »Die City hat sich endlich für den Kapitalismus entschieden«, jubelt die *Financial Times*.

Thatchers *Big Bang* verändert das Leben der Banker, und zwar für immer. Markt und Wettbewerb, Angebot und Nachfrage bestimmen von nun an die Preise in allen Geschäftsfeldern – auch auf dem Arbeitsmarkt im Finanzgewerbe. Ausländische Institute, vor allem aus den USA, strömen nach London und mischen jetzt kräftig mit.

Der Expansionsdrang der amerikanischen Geldhäuser liegt nicht zuletzt daran, dass sie ihre Erweckung schon ein paar Jahre vorher erlebt haben, gewissermaßen als zwangsläufige Begleiterscheinung von Paul Volckers Inflationsbekämpfung. Mit dem »Saturday Night Massacre« und der strengen Kontrolle der Geldmenge treibt der Notenbankchef die Zinsen nach oben. Weil aber die Bankzinsen noch reguliert – genauer, nach oben gedeckelt – sind, löst er damit einen Anpassungsprozess aus, der die amerikanische Finanzwelt ähnlich radikal verändert wie der *Big Bang* in London.

3. DIE NEUEN KÖNIGE DER WALL STREET

Mitte der 1980er-Jahre studiere ich Wirtschaftswissenschaften an der University of Georgia in Athens, knapp eineinhalb Autostunden von Atlanta entfernt. Einer meiner Professoren berät etliche *Savings & Loans* bei der Neuausrichtung ihres Geschäfts, keine leichte Aufgabe. Unter uns Studierenden heißen die Institute nur noch Zombies, lebende Tote. Denn wirtschaftlich sind sie eigentlich bereits tot, also pleite, sie werden aber durch eine faktische Staatsgarantie gewissermaßen künstlich beatmet und so am Leben gehalten.

Was war geschehen?

Im wahrsten Sinn des Wortes über Nacht, nämlich durch Paul Volckers »Saturday Night Massacre«, hat sich für die *Savings & Loans*, aber auch für die anderen Geschäftsbanken so ziemlich alles verändert, was bis dahin galt. Disruption sagt man dazu heute. Und die Manager im Finanzsektor sind von den radikalen Veränderungen in der Branche völlig überrascht und mental nicht darauf eingestellt.

Wie auch. Bis zu Paul Volckers »Saturday Night Massacre« und Margaret Thatchers *Big Bang* ist der Arbeitsalltag der Banker in den USA und in England ähnlich stabil, kalkulierbar und vielleicht sogar geruhsam wie der Beruf von Verlagsleitern vor der Digitalisierung. Die Spielregeln für Finanzgeschäfte stammen noch aus einer Zeit, als der

Goldstandard die Geld- und Währungspolitik festlegte. Ein umfassendes Regulierungswerk schreibt vor, welche Institute welche Geschäfte machen dürfen. In diesem sogenannten Trennbankensystem kümmern sich die Geschäftsbanken um das Einlagen- und Kreditgeschäft, um Geld-, Gold- und Devisenhandel.

In New York gibt es noch eine Handvoll *Money Center Banks*, Geschäftsbanken, die das internationale Geschäft mit Staaten und multinationalen Unternehmen kontrollieren, und ein paar Investmentbanken, Wall-Street-Häuser wie Goldman Sachs, Morgan Stanley und Salomon Brothers. Anders als heute, wo Investmentbanking als hochriskantes Business gilt, manchen gar als Zockerei, fahren diese Institute wenigstens zu dieser Zeit ein ausgesprochen risikoscheues Geschäftsmodell: Sie beraten Unternehmen bei Fusionen und Übernahmen, dazu kommt das »Underwriting« von Aktien oder Anleihen, ein durchaus lukratives, aber noch überschaubares Feld, bei dem die Institute sich verpflichten, ein bestimmtes Emissionsvolumen an Wertpapieren zu übernehmen und anschließend bei Investoren zu platzieren. Der Gewinn kommt aus den Provisionen.

Investmentbanken operieren in den 1980ern zunächst ähnlich wie Immobilienmakler, ohne selbst groß ins Risiko zu gehen. Und weil sie das Risiko scheuen, brauchen sie auch nicht viel Kapital. Die meisten sind als Partnerschaften organisiert, und alle fühlen sich als (Provisions-)Jäger. Bezahlt wird nach dem »Pay-as-You-Go-Prinzip«: Der gesamte Gewinn eines Jahres wird unter den Partnern aufgeteilt. War es ein fettes Jahr, bekommen die Partner richtig viel Geld, war es ein dünnes Jahr, verdienen sie nur Mitleid. Die übrigen Mitarbeiter erhalten immerhin eine Gewinnbeteiligung – der Nukleus der Bonuskultur.

Vor allem in den guten Jahren sind die Banker der übrigen Institute regelmäßig neidisch auf die Kollegen in den Investmentbanken. Ihre Gehälter sind vergleichsweise bescheiden. Dafür, so ein weitverbreiteter Branchenspott, gelte bei den Geschäftsbanken die 3-6-3-Regel: Man nimmt Einlagen der Sparer zu drei Prozent auf, verleiht das Geld zu sechs Prozent und geht um drei Uhr auf den Golfplatz.

Die Work-Life-Balance stimmt auf jeden Fall. In den Geschäftsbanken und erst recht in den *Savings & Loans*, die den europäischen Sparkassen ähneln, sind keine Jäger am Werk. Es herrscht eher eine Art Gärtnerkultur: Sie säen, nehmen also Einlagen und vergeben Kredite, und nach ein paar Jahren ernten sie, wenn der Kredit zurückbezahlt ist und auch die Sparer ihre Zinsen bekommen haben. Erleichtert wird das Geschäft noch durch das Regionalprinzip. Das sorgt dafür, dass die Institute in der Region aktiv sind, in der sie sich auch gut auskennen. Faktisch haben die Geschäftsbanken und *Savings & Loans* ein Monopol auf die Einlagen. Und weil es auch für die Zinsen einen staatlich festgesetzten Höchstpreis gibt, *Regulation Q* genannt, ist der Gewinn letztlich festgeschrieben.

Bis zum 6. Oktober 1979: Als Fed-Primus Volcker Ernst macht mit der Bekämpfung der Inflation und die Zinsen ansteigen lässt, löst er damit auch in der amerikanischen

Finanzwelt einen radikalen Anpassungsprozess aus. Die Geschäftsbanken und *Savings & Loans* haben Kredite meist zu festen Zinssätzen ausgegeben. Weil nun die Zinsen kräftig steigen und die Refinanzierung für die Institute teurer wird, rechnen sich viele Darlehen für die Banken nicht mehr. Doch es kommt noch schlimmer für sie. Die *Regulation Q* verhindert, dass die steigenden Marktzinsen an die Kunden weitergegeben werden können. Den Kunden aber bieten neue, gerade entstandene Geldmarktfonds eine Alternative. Diese sind nämlich nicht von der Zinsregulierung betroffen. Die Folge: Anleger ziehen massenhaft Einlagen von den Geschäftsbanken und *Savings & Loans* ab und legen die Gelder in den Fonds an, zunächst Großanleger, wenig später folgen auch Privatkunden.

Die Fonds dürfen zwar höhere Zinsen bieten als die Geschäftsbanken, um die dann aber auch zahlen zu können, müssen die Fondsmanager in höherverzinsliche Wertpapiere investieren. Und natürlich haben einige Investmentbanker für dieses Problem auch eine passende Lösung zur Hand: Sie kaufen Kreditpakete und wandeln diese in Wertpapiere um, die an der Börse gehandelt werden können. Ganz neu ist die im Bankenjargon Verbriefung genannte Vorgehensweise nicht. Der gute alte Pfandbrief, die Urform der Verbriefung, ist eine deutsche Erfindung, preußisch-ordentlich und umfassend von Friedrich dem Großen bereits im 18. Jahrhundert geregelt.

Durch die Sogwirkung der Fonds Anfang der 1980er-Jahre in den USA entfaltet die Verbriefung eine ungeahnte

Dynamik – die massenhafte Verlagerung von Bankgeschäft in Wertpapiere ist der Durchbruch für den Kapitalmarkt-Kapitalismus. Ironischerweise ist für diesen Durchbruch letztlich nicht etwa eine politische Idee oder wenigstens eine Deregulierung der Auslöser, sondern im Gegenteil, zu viel und falsche Regulierung, nämlich der gesetzlich vorgegebene Höchstzins und das Regionalprinzip für Bankgeschäfte. Nebenbei bemerkt: Dass auch zu viel Regulierung zu Problemen und Verwerfungen an den Märkten führen kann, ist eine Erkenntnis, die wir gerade heutzutage nicht vergessen sollten.

Es dauert dennoch einige Jahre, bis die *Regulation Q* 1986 abgeschafft wird – aber da ist der Geist schon aus der Flasche. Der Anpassungsprozess an den neuen Kapitalmarkt-Kapitalismus ist vor allem für Geschäftsbanken und *Savings & Loans* ausgesprochen mühsam. Am einfachsten gelingt ihnen der Wandel noch beim Thema Vergütung. Als die Geschäftsbanken mitansehen müssen, wie sie durch die Investmentbanken und deren Expertise, Kredite in Wertpapiere zu verbriefen und diese dann zu verkaufen, Geschäft an den Kapitalmarkt verlieren, schalten sie auf eine Art Pseudo-Offensive um. Sie reklamieren den Begriff Investmentbanking jetzt auch für einen Teil ihrer traditionellen Aktivitäten, etwa den Devisen- und Staatsanleihenhandel, sowie für die neuen Derivate, fast allesamt Aktivitäten, die vergleichsweise riskant sind und reichlich Kapital erfordern. Miteinbezogen wird wenig später noch der konservative, aber aufgrund des Monopols auf Geldeinlagen sehr profitable Geldhandel.

Es mag Ihnen banal vorkommen oder wie ein schlechter Witz, aber mit dieser Umetikettierung erreichen die Geschäftsbanken, dass sie die Entlohnungsregeln der Investmentbanken einführen können, vor allem das Bonussystem. Auf diese Weise zieht ein Bezahlungssystem aus einer Welt, in der Kapital keine große Rolle spielt, weil die Institute keine großen Risiken eingehen, in eine Welt ein, in der Institute viel Kapital einsetzen müssen. Zwangsläufig kommt damit auch mehr Anreiz ins Bankensystem, höhere Risiken einzugehen. Denn dann winkt ein ordentlich gefüllter Bonustopf.

Das klassische Bankgeschäft in den USA entwickelt sich in den 1980er-Jahren allerdings derart schwach, dass an üppige Boni nicht zu denken ist, im Gegenteil. Einst gewinnbringende Geschäfte bescheren den Geldhäusern jetzt Miese. Die Institute sind längerfristige Kreditengagements eingegangen, die sie mit kurzfristigem Geld refinanzieren. Nun aber müssen sie deutlich höhere Zinsen für Einlagen bezahlen. Um über die Runden zu kommen, sind sie gezwungen, neue Erlösquellen zu finden.

Vor allem die *Savings & Loans* haben dabei wenig Fortune. Durch die steigenden Zinsen schrumpfen ihre Gewinne zunächst, anschließend verschwinden sie in vielen Fällen ganz, ihr Eigenkapital erodiert. Und bei dem Versuch, in neue Geschäfte zu expandieren, was ihnen nach der Lockerung der Regulierungsvorschriften erlaubt ist, müssen sie teuer Lehrgeld bezahlen. Sie vergeben jetzt auch außerhalb ihrer Heimatregionen deutlich mehr Immobilienkredite, steigen in die Unternehmensfinanzierung ein und investieren in Kapitalmarktpapiere, die ihnen Investmentbanker schmackhaft machen. Eine Weile geht das gut, bis dann erst die Inflationsraten, darauf die Zinsen sinken und schließlich die Immobilienpreise verfallen. Wie beim Domino kippt ein Institut nach dem anderen. Über 1 000 *Savings & Loans* sind betroffen. Um die Institute zu retten, muss der amerikanische Staat schließlich weit über 100 Milliarden Dollar in den *Savings-&-Loans*-Sektor pumpen.

Den größeren Geschäftsbanken fällt die Anpassung an die neue Finanzwelt kaum leichter. Etliche versuchen sich in der Flucht nach vorn und investieren aggressiv in neue, überregionale Geschäfte. Besonders schwungvoll geht dabei die Continental Illinois National Bank and Trust Company vor. Allein eine Milliarde Dollar steckt das in Chicago angesiedelte Geldhaus in Energiefinanzierungen in den weit entfernten Bundesstaaten Oklahoma und Texas. Dazu kommen großvolumige Engagements in Entwicklungsländern.

1983, drei Jahre nach dem Start der Offensive, ist Continental Illinois die größte Bank im Mittleren Westen mit einer Bilanzsumme von 40 Milliarden Dollar. 1984 überschlagen sich dann die Ereignisse: Erst meldet die Bank einen massiven Anstieg ihrer Kreditausfälle. Wenig später machen Gerüchte die Runde, das Geldhaus müsse demnächst Insolvenz anmelden. Die Folge: Kunden ziehen massenhaft ihre Spareinlagen ab; von 28,3 Milliarden Depositen verliert die Continental Illinois in kurzer Zeit 10,8 Milliarden Dollar.

Der Run der Kunden löst bei der amerikanischen Notenbank, der Fed, große Besorgnis aus, Angst vor einer
Pleite. Natürlich, Insolvenzen gehören zur Marktwirtschaft,
das wissen auch die Experten der Fed. Aber welchen Effekt
würde das im Fall einer Bank, zumal einer großen Bank,
auslösen? Zwei Aspekte machen die Notenbanker besonders nervös: Zwei Drittel der Einlagen von Continental Illinois übersteigen die 100.000-Dollar-Marke, sind also nicht
von der staatlichen Einlagensicherung geschützt. Etliche
Kunden würden also eine Menge Geld verlieren. Zudem
hat sich das Institut auf dem Interbankenmarkt Geld von
anderen Banken geliehen, und zwar von insgesamt 2300
anderen Geldhäusern. Welche Folgen würde eine Insolvenz der Continental Illinois bei diesen verursachen, womöglich weitere Pleiten? Und würde dann womöglich
auch der gesamte Interbankenmarkt, der vom wechselsei-
tigen Vertrauen der Institute lebt, zusammenbrechen?

Paul Volcker und seine Fed-Kollegen wollen das Risiko
einer großen Bankenkrise auf keinen Fall eingehen. Sie pumpen Milliarden in die angeschlagene, faktisch insolvente
Continental Illinois und verhindern so den Konkurs. Die Notenbank setzt damit ein Signal für alle Institute im neuen
Kapitalmarkt-Kapitalismus: Große Banken dürfen auf keinen Fall pleitegehen, wenn nötig werde die Fed und der
Steuerzahler alle nötigen Mittel dafür mobilisieren – das ist
die Geburtsstunde des Diktums »Too big to fail«.

Dieser Entschluss verändert das Risikoverhalten von
Anlegern und Bankern fundamental. Größe wird für Ban-

ken nun zum Wettbewerbsvorteil und für Banker zum Ziel. Denn je größer eine Bank, desto sicherer ist sie und kann sich entsprechend preiswert Geld leihen. Und das treibt den Gewinn. Weil im Fall eines Falles letztlich der Staat für die Bank einsteht, ist ihr Risiko nicht mehr größer als das wirtschaftliche Risiko des jeweiligen Landes.

Deutlich leichter als den Sparkassen und Geschäftsbanken fällt den Investmentbanken die Anpassung an die neue Finanzwelt. Schließlich ist der Trend auf ihrer Seite. Der Kapitalmarkt fragt immer stärker nach Wertpapieren, sie haben die Expertise und können liefern. Pionier und Innovator der Zunft, gewissermaßen der Goldman Sachs der 1980er-Jahre, ist Salomon Brothers, das die Chancen und Potenziale der neuen Finanzwelt wie kein Zweiter erkennt.

Das Wirtschaftsmagazin *Business Week* adelt John Gutfreund, den Chef der Investmentbank, mit dem Titel »King of Wall Street«. Unter seiner Führung steigt Salomon Brothers zur Nummer eins unter den Emissions- und Handelsbanken auf – und zur profitabelsten Investmentbank weltweit. Das liegt nicht zuletzt an Gutfreunds Geschick, die richtigen Leute an den wichtigen Positionen zu installieren.

Bestes Beispiel dafür ist Lewis S. Ranieri. Als 21-Jähriger ohne Hochschulabschluss heuert er Ende der 1960er-Jahre bei Salomon Brothers an, als Teilzeitjobber in der Poststelle. Doch er steigt in der Salomon-Hierarchie schnell auf, weil er genau über die Fähigkeiten verfügt, die in der neuen Finanzwelt besonders gefragt sind: aggressive Entscheidungsfreude, ein brillantes Zahlengedächtnis, eine immense Stressstabilität und eine große Portion Kreativität. Bereits Ende der 1970er-Jahre entwickelt er die ersten Hypothekenanleihen und erschafft damit einen Billionenmarkt. Ranieri (»Hypothekengeschäft ist Mathematik«) erkennt als Erster, worauf es im neuen Wertpapiermarkt ankommt, und engagiert Absolventen der besten Hochschulen, die gut rechnen können, alle möglichen Varianten und Verfeinerungen von Hypothekenanleihen entwickeln, darunter auch Ramschanleihen, also Hypothekenanleihen mit geringer Bonität, die Jahrzehnte später beim Finanzcrash 2008 noch eine besondere Rolle spielen werden.

Vor allem bei den amerikanischen Instituten ist der neue Typus Banker gefragt: finanzmathematisch geschult, ausgestattet mit Programmierkenntnissen in den gängigen Computersprachen und kaufmännischem Know-how. Nicht nur an der University of Georgia, auch schon vorher an der Universität Bielefeld habe ich in Vorlesungen und Seminaren davon reichlich mitbekommen. Die Uni ist in den 1980ern bekannt für ihre mathematische und ökonometrische Ausrichtung, dafür hat nicht zuletzt der mit dem Wirtschaftsnobelpreis ausgezeichnete Spieltheoretiker Reinhard Selten gesorgt. Differenzialgleichungssysteme höherer Ordnung, modernste statistische Verfahren, Computerprogrammierung – im Studium halten wir Studierenden den Lehrstoff häufig für eine Art Belastungstest und vermissen vor allen den Bezug zur Praxis.

Ende der 1980er-Jahre, als blutjunger Banker bei JPMorgan, mache ich die Erfahrung, dass mir genau diese

Ausbildung den größten Praxisbezug für die neue Finanzwelt geliefert hat. Die Bank kauft darüber hinaus die neuesten und teuersten Computer, Geräte für rund 80.000 D-Mark pro Stück. Die darf ich gemeinsam mit extra angeheuerten Softwareentwicklern programmieren, mit Modellen und Algorithmen. Wir nutzen die neue Technik bei Arbitragegeschäften zwischen dem frisch eingeführten Bund-Future und den ihm zugrunde liegenden deutschen zehnjährigen Bundesanleihen. Arbitrage bedeutet, dass wir mögliche Preisunterschiede zwischen dem Bund-Future, also dem Terminkontrakt auf Bundesanleihen, und ihrem heutigen Preis ausnutzen. Dank des Computer-Arbitrage-Modells, bei dem alle meine Positionen durch entsprechende Gegenpositionen abgesichert sind, also *gehedged*, wie es im Finanzjargon heißt, kann ich sehr bald große Volumina handeln, zum Teil Hunderte von Millionen D-Mark bei einem Deal. Und so werde ich dank der Computer recht schnell von den etablierten Wertpapierhändlern ernst genommen.

In dieser Zeit herrscht im Finanzgewerbe eine ungeheure Aufbruchsstimmung. Es geht ums Geldverdienen, und dafür bieten sich jetzt ungeahnte Möglichkeiten. Die amerikanischen Banken sehen die Ertragspotenziale im neuen Hightech-Handel deutlich früher als die Europäer. Und die Investmentbank Salomon Brothers ist Vorreiter dieser Bewegung. Das Institut verdient prächtig an der Ausgabe und dem Handel der neuen Wertpapiere. Verglichen mit den Gewinnen, die Wertpapierkonstrukteure und -händler abliefern, erwirtschaften die traditionellen

Investmentbanker mit ihrer Beratung bei Fusionen und Übernahmen Peanuts.

Die Politik befeuert diese Entwicklung zusätzlich. Der amerikanische Präsident Ronald Reagan hat durch Steuersenkungen und gleichzeitige Erhöhung der Staatsausgaben einen gewaltigen Wachstumsschub in der amerikanischen Wirtschaft entfacht. Der Preis dafür ist freilich ein steigendes Defizit im US-Staatshaushalt. Aber nicht nur der amerikanische Staat, das gesamte Land findet Freude daran, über seine Verhältnisse zu leben. Und wenn ein Land mehr konsumiert, als es produziert, ist es wie bei einer Familie, die mehr Geld ausgibt, als sie verdient: Sie muss Kredit aufnehmen.

Die Amerikaner haben dabei den großen Vorteil, dass sie sich in ihrer eigenen Währung verschulden können, denn der Dollar ist die Reservewährung der Welt. Die meisten Länder, die Kredit brauchen, müssen sich zu dieser Zeit in Dollar verschulden, später in bescheidenerem Ausmaß auch in D-Mark. Das sorgt dafür, dass die Defizite in kleineren Ländern nicht allzu groß werden, schließlich müssen sie diese wieder in Devisen zurückzahlen. Anders die USA: Sie können grenzenlos Dollar-Kredite im Ausland aufnehmen und sich damit ein ständig steigendes Leistungsbilanzdefizit leisten.

Organisiert wird der Geldtransfer von den amerikanischen Banken. Sie geben im Auftrag der Regierung die Staatsanleihen, *Treasury-* oder *T-Bonds* genannt, aus, suchen und finden dafür Käufer in der ganzen Welt und platzieren die Wertpapiere bei den Anlegern. Die Orchestrierung dieser Geldflüsse hat einen gewaltigen Nebeneffekt: Auf diese Weise exportieren die Amerikaner ihr Bankwesen und ihren Kapitalmarkt-Kapitalismus in die ganze Welt – die Blütezeit des Investmentbankings ist angebrochen.

Sie mögen sich fragen, warum ich hier so ausführlich über das amerikanische Bankensystem schreibe und die Europäer vernachlässige. Der Grund ist ganz einfach: Die Veränderung des Finanzsystems hin zum Kapitalmarkt-Kapitalismus hat in Amerika begonnen. Die US-Institute exportieren die neuen Finanzgeschäfte in den Rest der Welt, die Globalisierung der Finanzmärkte ist deshalb streng genommen eine Amerikanisierung. Mit der üblichen Zeitverzögerung schwappt die Welle auf den europäischen Kontinent, erfasst und verändert auch dort die Banken, bis heute.

4. DIE SCHÖNE NEUE WELT DER COMPUTER

Am 1. September 1987 beginnt meine Karriere als Banker. Ich starte bei dem amerikanischen Bankhaus JPMorgan, als Trainee in der Frankfurter Dependance. Die Rahmenbedingungen scheinen ideal, denn die Geschäfte im Wertpapierhandel laufen gut. Mehr noch, sie brummen richtig – bis zum 19. Oktober 1987.

Diesen Montag, der später als »Black Monday« in die Wirtschaftsgeschichte eingehen soll, werde ich nie vergessen. Der Tag beginnt halbwegs normal. Die deutsche Börse startet zwar schwach, aber nicht besorgniserregend. Bis zum frühen Nachmittag, als die US-Börse öffnet. Von Anfang an kennen die Aktienkurse nur eine Richtung, nach unten. Nichts scheint den Niedergang stoppen zu können. Minus fünf Prozent, minus zehn Prozent, minus 15 Prozent – meine Kollegen und ich starren auf die Bildschirme, einige erfahrenere Banker murmeln düstere Prophezeiungen. »Das ist das Ende«, sagt einer. Erinnerungen an 1929 werden wach. 1929 stürzte die amerikanische Börse um »nur« 15 Prozent, es folgte eine tiefe Depression der Weltwirtschaft mit Massenarbeitslosigkeit. Jetzt aber ist das Minus bei den Aktienkursen schon größer, Tendenz weiter fallend. Und keiner hat eine Erklärung. Wie die meisten anderen

Trainees verfolge ich gebannt die Zahlen und Kurven auf den Monitoren im Handelsraum – und stelle mir die Frage, ob meine Bankkarriere schon bald ihr vorzeitiges Ende finden wird.

Am Ende des Tages schließt die New Yorker Börse mit einem Minus von 22,6 Prozent. Mehr als eine halbe Billion Dollar wird an diesem einen Tag verbrannt. Und der Rest der Welt folgt: Kanada minus 22,5 Prozent, Hongkong minus 45,8 Prozent, London minus 26,4 Prozent.

Normalerweise führen neue, überraschende wirtschaftliche Rahmendaten, zum Beispiel ein plötzliches Absacken beim Sozialprodukt, zu solchen Kursstürzen. Oder Schocks von außen, etwa eine unerwartete Pleite eines großen Konzerns oder eine massive Zinserhöhung der Notenbank wie beim »Saturday Night Massacre«. Doch am Schwarzen Montag von 1987 ist nichts dergleichen passiert.

Der »Black Monday« hat einen völlig anderen Grund. Es ist der erste maßgeblich von Computern ausgelöste Crash. Doch wie konnte es dazu kommen?

Um eine Erklärung zu finden, müssen wir ein paar Jahre zurückgehen: Noch bis Anfang der 1980er-Jahre bleibt das Telefon das wichtigste Arbeitsmittel jedes Brokers. Die Wertpapierhändler sitzen in ihren Handelssälen, mindestens zwei wuchtige Telefonapparate, bisweilen drei oder mehr vor ihnen auf den Schreibtischen. Und in jedem Handelsraum stehen Dutzende, mitunter Hunderte von Händlertischen. Sobald die Börse öffnet, wählen die Händler sich die Finger wund, kaufen und verkaufen Wertpapiere, bis die Börse wieder schließt. Gute Händler zeichnen sich vor allem durch Verkaufsgeschick, gute Nerven, noch besseres Zahlengefühl und eine passable Telefonstimme aus.

Doch dann startet die Epoche des Computers. 1977 bringen Apple und Commodore die ersten Rechner auf den Markt, die man einfach programmieren kann, ein paar Jahre später kommt Microsoft mit seinem Betriebssystem MS-DOS – der Siegeszug des Personal Computers, kurz PC, beginnt. Microsoft löst mit seinem Betriebssystem eine Welle neuer Anwendungsprogramme aus. Typisch ist die Tabellenkalkulationssoftware Lotus 1-2-3. Der Hersteller, die Lotus Development Corporation, bewirbt sein Produkt mit dem Slogan »Rechnet schneller, als Sie 1-2-3 sagen können«.

Die Banken sind von den neuen Schnellrechnern begeistert und saugen die neue Technik auf wie keine zweite Branche. Dank Computer und Software können sie jetzt massenhaft Daten verarbeiten und finanzmathematische Modelle auf Praxistauglichkeit testen. Auf einmal ist es möglich, ganz neue Erkenntnisse über die Finanzmärkte zu gewinnen. Man kann herausfinden, ob alte Börsenweisheiten wie »Sell in May and go away« stimmen (nach historischen Daten erzielen Anleger, die im Mai verkaufen, eine geringfügig höhere Rendite als Anleger, die ihre Aktien halten). Die Computer helfen, neue Erfolg versprechende Anlagestrategien zu entwickeln.

Die schier unbegrenzten Möglichkeiten der Informationstechnik treffen einen Urinstinkt des Homo oeconomicus. Kein Mensch, auch kein Banker, möchte sich mit dem

Zufall abfinden. In jedem steckt ein fast schon natürliches Bedürfnis, das Glück zu erzwingen und nach Erfolgsmustern zu suchen. Dank des Computers fällt das jetzt leicht wie nie. Banken können mithilfe der neuen Technik große Datenmengen rauf und runter analysieren und korrelieren. Ist es günstiger, am Montagvormittag Aktien zu kaufen oder am Dienstagnachmittag? Kann man ein besseres Geschäft machen, wenn man Ölaktien dann kauft, wenn Automobilaktien fallen? Oder doch besser umgekehrt?

Jede Hypothese kann getestet werden. Analysten füttern die Computer in den Geldhäusern mit sämtlichen Daten, die ihnen Börsen aus aller Welt über Aktien, Anleihen, Devisenkurse oder Rohstoffpreise liefern. Sie programmieren die Rechner mit Algorithmen, also mathematisch-statistischen Formeln mit einer konkreten These, und die Computer überprüfen diese These anhand der verfügbaren Daten – das Data-Mining ist geboren.

Die technische Revolution verändert das Arbeitsklima in den Handelsräumen der Banken, und zwar dramatisch und auch wortwörtlich. Auf jedem Handelstisch steht jetzt ein PC mit einem Bildschirm. Später kommen noch etliche Monitore pro Handelsplatz dazu. Die technische Aufrüstung hat eine Nebenwirkung, die keiner einkalkuliert hat: Die Computer produzieren Hitze. Und weil in den Handelsräumen Dutzende oder gar Hunderte Rechner in Betrieb sind, steigt das Thermometer zum Teil auf 40 Grad. »Wir arbeiten in einem Sweatshop«, flüchten sich Händler häufig in Zynismus. Sweatshops werden eigentlich mies ausgestattete Fabriken in Entwicklungsländern genannt, in denen Menschen unter kaum zumutbaren Bedingungen arbeiten müssen und mit Hungerlöhnen abgespeist werden. Weil so keiner einen kühlen Kopf in hektischen Märkten behalten kann, müssen die Banken nachrüsten. Das tun sie bisweilen auf eindrucksvolle Art. Sie bauen neue kathedralische Handelsräume mit leistungsstarken Klimaanlagen. In London zum Beispiel errichtet Salomon Brothers über dem Bahnhof Victoria Station den bis dahin größten Handelsraum der Welt mit Platz für mehr als 1 000 Trader und noch viel mehr Computer.

Keiner will auf die neue Technik verzichten. Denn Wissenschaftler und Praktiker, allesamt brillante Finanzmathematiker, liefern immer mehr Formeln und Algorithmen, die erst durch den Einsatz der Computer ihre ganze Schönheit entfalten. Die wohl wichtigste Formel der Neuzeit und nach der Zinseszinsrechnung wahrscheinlich zweitwichtigste Formel der Finanzindustrie überhaupt haben die Amerikaner Fischer Black und Myron Samuel Scholes bereits in den 1970er-Jahren präsentiert: ein finanzmathematisches Modell zur Bewertung von Optionen.

Dazu muss man wissen, dass Optionalität eine von vielen sehr unterschätzte Bedeutung in der Wirtschaftswelt hat. Das zeigt ein Beispiel, das jeder von Ihnen vom Einkaufsbummel kennt: Sie brauchen ein Kostüm oder einen Anzug und begeben sich auf Shopping-Tour. Sie finden das passende Modell tatsächlich in einem Geschäft, allerdings gefällt Ihnen der Preis nicht. Also bitten Sie den Verkäufer,

Ihnen das gute Stück zwei Tage zurückzulegen. Wenn er akzeptiert, haben Sie eine Option: Sie können das Kostüm beziehungsweise den Anzug in zwei Tagen zu dem etikettierten Preis kaufen. In der Zwischenzeit haben Sie aber die Möglichkeit, sich nach einem besseren Deal umzuschauen. Der Verkäufer dagegen ist Stillhalter der Option: Er hat sich verpflichtet, das Kostüm beziehungsweise den Anzug zwei Tage nicht an einen anderen Kunden zu verkaufen, er verzichtet also womöglich auf ein gutes Geschäft.

Die Optionspreistheorie sagt nicht, dass der Verkäufer eine solche Option nicht einräumen sollte. Sie zeigt allerdings, dass er fürs Stillhalten etwas fordern sollte – je länger die Wartezeit und je größer seine Unsicherheit, umso höher sollte seine Forderung sein.

Optionen durchziehen Ihr gesamtes Leben, im privaten Bereich, vor allem aber auch im Beruf. Und je nachdem, welche Rolle Sie dabei haben und auf welche Verabredung sich die Option bezieht, ob Sie eine Option bekommen oder ob Sie Stillhalter sind, kann der Schaden dafür schmerzhaft hoch sein, finanziell, emotional oder beides.

Auch jenseits der Wertpapieroptionen an den Finanzmärkten hat das Denken in Optionen eine ungeheure Wirkung auf die Wirtschaft. International gilt es als die hohe Schule des Dealmaking, dem unbedarfteren Verhandlungspartner etwa bei einem Unternehmenskauf so viele Optionen wie möglich zu entlocken. Oft kombiniert mit vermeintlich großzügigem Entgegenkommen bei optisch herausragenderen Parametern wie beispielsweise dem Preis. Dann wartet man nur noch, dass etwas passiert. Und glauben Sie uns, irgendetwas passiert immer. Manche Menschen machen es geradewegs zu einem Prinzip, alles in Optionalitäten zu sehen. Achten Sie im Alltag mal darauf. Im weiteren Verlauf werden wir noch oft auf Optionalität zu sprechen kommen.

Mensch versus Algorithmus

In den 1980er-Jahren ist das Militär der größte Nutzer der modernen Informationstechnologie, mehr noch als die Finanzindustrie. Einen Bereich, den die beiden Supermächte USA und Sowjetunion schnell automatisieren, bilden die Frühwarnsysteme vor den Interkontinentalraketen der jeweils anderen Seite. Dabei hilft die vernetzte Technologie aus Satelliten und Computern, einen Angriff des anderen so frühzeitig zu entdecken, dass man die eigenen Raketen noch starten kann, bevor die gegnerischen Raketen einschlagen. So lautet damals die Logik der gegenseitigen Abschreckung.

In der Nacht auf den 26. September 1983 hat der 44-jährige Oberstleutnant Stanislaw Petrow, ein Ingenieur und Systemanalytiker, seinen Dienst vor den Bildschirmen des Computer- und Satelliten-basierten ultrageheimen sowjetischen Frühwarnsystems angetreten. Er ist für einen Kollegen eingesprungen und wohl derjenige, der die Stärken und Schwächen des Systems bestens kennt. Schließlich hat er es mitentwickelt. Kurz nach Mitternacht, exakt um 00.05 Uhr, meldet das System einen Raketenstart in Montana, USA. Es dauert nur 30 Minuten, bis die Rakete ihr Ziel in der Sowjetunion erreicht, viel Zeit bleibt also nicht.

Die Supermächte stehen sich in den 1980er-Jahren in tiefem Misstrauen gegenüber, und der sowjetische Geheimdienst KGB sucht überall nach Anzeichen für einen geplanten nuklearen Erstschlag der USA. Nur drei Wochen zuvor, am 1. September, hält die Luftverteidigung der Roten Armee ein koreanisches Verkehrsflugzeug, das vom Kurs abkommt und über geheimes sowjetisches Territorium fliegt, für ein Spionageflugzeug, schießt es ab und tötet unbeabsichtigt 269 Menschen. Petrows wichtigste Aufgabe in dieser Nacht ist es, den Vorgesetzten mitzuteilen, ob die Information des Frühwarnsystems verlässlich ist. Er ordnet Systemchecks an, doch das System funktioniert einwandfrei. Trotzdem entschließt er sich entgegen der eindeutigen Computermeldung, seinen Vorgesetzten den Alarm als Fehler zu rapportieren. Sein gesunder Menschenverstand und die Logik sagen ihm, dass die USA einen nuklearen Erstschlag niemals mit nur einer Rakete beginnen würden.

Wenige Minuten später jedoch meldet das System einen zweiten, dritten, vierten und fünften Raketenstart, alle von derselben Basis in Montana. Die Systemchecks bestätigen weiterhin, dass die Anlage störungsfrei arbeitet. Dennoch bleibt Petrow bei seiner Entscheidung und meldet seinen Vorgesetzten weiterhin Fehlalarm. In dieser Nacht ist es wohl dem Mut und dem gesunden Menschenverstand von Oberstleutnant Petrow zu verdanken, dass die Welt auf dem Höhepunkt des Kalten Krieges einem möglichen Atomkrieg entgeht.

In den nachfolgenden Monaten untersucht die Sowjetunion den Vorfall und kommt zu dem Ergebnis, dass eine extrem ungewöhnliche, starke Sonnenreflexion auf Wolken, die ausgerechnet genau über einer kleinen Raketenabschussbasis in den USA stattgefunden hat, irrtümlicherweise vom System als Abgasstrahlen von Interkontinentalraketen interpretiert worden ist. Ein schier unmögliches Zusammentreffen von Zufällen, die so nicht erwartet und deshalb auch nicht programmiert worden sind. Petrow selber soll eigentlich für andere Schwächen des Systems verantwortlich gemacht werden, wird aber schlussendlich weder gelobt noch getadelt, sondern einfach ignoriert. Erst im Jahr 2006 wird ihm von den Vereinten Nationen in New York der World Citizen Award verliehen.

Die Lektion daraus? Blindes Vertrauen in Computeralgorithmen kann fatale Folgen haben – nicht nur beim Militär, sondern auch wenn es ums Geld geht.

Der Finanzsektor hat die Macht der Optionen und ihr Potenzial schnell erkannt. Die Black-Scholes-Formel macht es möglich, den Wert einer Option mithilfe der immer leistungsfähigeren Computer schnell zu ermitteln. Auf diese Weise können Investoren sich nun vergleichsweise einfach und günstig gegen den Kursverfall von Aktien, Anleihen, Rohstoffpreisen oder Währungen absichern. Bezahlen müssen sie dafür eine Versicherungsprämie in Form des Optionspreises. Sie können mit den Optionen aber auch effektiver auf Kursveränderungen spekulieren, nach oben oder unten, im Finanzjargon »long oder short gehen«.

Die Kombination aus hoch entwickelter Finanzmathematik und Informationstechnik lässt ein völlig neues Geschäftsfeld entstehen, den Markt für sogenannte Derivate.

Ganz allgemein handelt es sich bei Derivaten um Produkte, die aus Basisprodukten abgeleitet sind. Alkohol etwa oder Ether können Chemiker als Derivate des Wassers erklären. Und wenn Sie Ihren Apotheker danach fragen, kann der Sie sicher darüber aufklären, dass das Schmerzmittel Paracetamol ein Derivat der Substanz Acetanilid ist, das wiederum ein Anilin-Derivat ist.

Im Finanzbereich ist das im Grundsatz ganz ähnlich. Sie merken aber schon, Derivate sind etwas komplizierter. Deshalb ist es kein Wunder, dass in den 1980er-Jahren Nerds die Finanzbranche erobern, hoch spezialisierte Mathematiker und Computer-Cracks, die immer neue Derivate auf Aktien, Indizes, Währungen oder Währungskörbe entwickeln – letztlich auf alles, was handelbar ist. Mitte der 1980er-Jahre managen die Händler bereits Optionspakete mit einigen Tausend Positionen. Wenn Parameter an der Formel geändert werden, rechnen die Computer ein bis zwei Minuten, und die Ergebnisse erscheinen auf den Bildschirmen. Wenige Jahre später erreicht das Volumen der Optionspakete einige Millionen an Positionen. Dank immer leistungsfähigerer Computer verkürzt sich die Rechenzeit auf wenige Sekunden.

Das neue Geschäft breitet sich rasend schnell aus. Fast im Tagesrhythmus werden neue Produktvarianten geboren. Und dann kommt der ganz große Wurf. Die sogenannte *Portfolio Insurance* wird entwickelt. Im Kern handelt es sich dabei um eine Art Versicherung für ein Wertpapierportfolio. Der Clou dabei: Die Menschen versichern sich zwar gerne gegen alle möglichen Risiken, sie wollen dafür am liebsten aber nichts bezahlen. Die *Portfolio Insurance* vereinigt anscheinend beide Wünsche. Ein Computeralgorithmus wird mit allen verfügbaren Daten eines Wertpapierportfolios gefüttert: mit Preisentwicklungen und Preisschwankungen der einzelnen Anlageprodukte, mit Korrelationen, die Wechselwirkungen der einzelnen Anlagepositionen erfassen, und mit Wahrscheinlichkeiten für den Eintritt bestimmter Marktsituationen. Selbst Zeitpunkt und Volumen von Anpassungsmaßnahmen bei den einzelnen Posten an veränderte Rahmenbedingungen rechnet der Computer aus. Der Portfolio-Inhaber muss nur noch die Risikospanne vorgeben, den maximalen Verlust, den er zu tragen bereit ist.

Der Algorithmus sagt ihm präzise, bei welchen Schwellenwerten für welche Produkte er diese verkaufen oder kaufen muss, um Verluste zu vermeiden, die über seine Risikovorgabe hinausgehen. Mehr noch: Der Computer handelt sogar automatisch für den Kunden.

Es ist wie im Märchen: vollautomatische Vermögensanlage mit begrenztem Verlustrisiko – das Modell scheint brillant, mathematisch ausgeklügelt und simpel in der Anwendung, eine Art Eier legende Wollmilchsau der Finanzbranche. Kein Wunder, dass es den Investmentbankern, die es in den Markt gebracht haben, aus den Händen gerissen wird. Innerhalb von wenigen Jahren vertrauen fast alle institutionellen Investoren, Banken, Versicherungen und anderen Kapitalsammelstellen ihre Wertpapierportfolios diesem Instrument an.

Dank der Kombination aus Computern, Finanzmathematik und modernem Risikomanagement entwickelt sich in der gesamten Zunft ein neues Gefühl von Sicherheit, das sich in einen fast schon religiösen Glauben steigert. Der Computer, gefüttert mit allen verfügbaren Daten aus der Finanzwelt, bekommt bald mehr Vertrauen geschenkt als der Mensch. Und der Erfolg, so scheint es jedenfalls, gibt den Anwendern der neuen, fast schon alchemistischen Geldvermehrung zunächst recht.

Fast alle großen Anleger, Banken und Versicherer vertrauen im Sommer 1987 der *Portfolio Insurance*. Sie fühlen sich dabei ausgesprochen komfortabel und sicher, weil der Computer das Portfolio nach den Vorgaben einer ausgeklügelten Formel automatisch umschichten würde, falls das notwendig werden sollte – eine Art selbstfahrender elektronischer Vermögensverwalter mit Autopilot und ersten Formen künstlicher Intelligenz. Alle verwendeten Modelle beruhen allerdings auf der Annahme ständig liquider Märkte und stetiger Preisfindung. Mit anderen Worten: Wenn ein Computer Wertpapiere verkaufen wollte, gäbe es immer auch einen anderen Computer, der kaufen wollte. Der Fall, dass die Börse fällt wie ein Stein, dass also keiner kaufen will, gilt als ausgeschlossen.

Eine schöne Annahme, die eine Konstellation nicht beachtet hat: Da mittlerweile (fast) alle mit den gleichen Computermodellen operieren, wollen, nein, müssen alle Computer jetzt Wertpapiere verkaufen, weil der Algorithmus das befiehlt. Und sie exekutieren diesen Dauerauftrag auch.

Aber es ist weit und breit kein Computer da, der kaufen will. Genauso wie umgekehrt in den Monaten zuvor die Modelle im steigenden Markt immer weiter zukaufen und so die Kurse in exorbitante Höhen treiben.

Sind also die Computermodelle falsch gewesen? Haben die Finanzmathematiker und Risikomanagement-Profis in den Banken einen Fehler gemacht? Nicht unbedingt. Hätten nur einige wenige Versicherer, Banken oder Großanleger die *Portfolio Insurance* genutzt, wären sie damit wahrscheinlich hervorragend gefahren. Weil aber fast alle dem Computeralgorithmus vertrauen, kommt es zu einer Art Lemming-Effekt: Alle wollen zur gleichen Zeit verkaufen, keiner will kaufen. Das in der mathematischen Formel abgebildete sozialwissenschaftliche Modell über das Verhalten der Marktteilnehmer hat sich gewissermaßen selbst verändert, weil alle diese Daten gesammelt haben und nach diesem Modell vorgehen – das System hat sich selbst zerstört.

Heute fast vergessen, ist der Crash von 1987 unserer Meinung nach das Ergebnis des ersten großen Feldversuchs mit Metadatenverarbeitung (für damalige Zeiten) und künstlicher Intelligenz (wenn auch noch auf Sextanerniveau). Doch in den 1990ern und nach der Jahrtausendwende geht es erst richtig los. Noch bessere Computer ziehen in die Finanzwelt ein, noch mehr Daten werden ausgewertet, noch ausgefeiltere Algorithmen entwickelt. Die schöne neue Welt des Risikomanagements – jetzt wird sie erst richtig perfektioniert.

Übrigens: Von den Trainees ist keiner gefeuert worden. Das liegt aber nicht etwa am rigiden deutschen Arbeitsrecht oder an der Großzügigkeit des Arbeitgebers. Eher schon an der Großzügigkeit der Zentralbanken, allen voran der amerikanischen Fed.

Als am Schwarzen Montag die Aktienkurse abstürzen, dauert es allerdings eine ganze Weile, bis die Rettungskräfte selbst den Schock überwunden haben. Verständlich, denn die New Yorker Börse hat nie zuvor und auch nicht später binnen eines Tages einen auch nur annähernd so großen Kursverlust erlebt. Das Weiße Haus ist alarmiert. James Baker, Finanzminister unter Präsident Reagan, funkt SOS, Alan Greenspan, der erst zwei Monate vor dem Schwarzen Montag seinen Posten als neuer Chef der Notenbank angetreten hat, denkt laut über eine »sehr vorübergehende Handelsunterbrechung« nach. Schließlich greift Baker zum Telefon und ruft Greenspan an. Bakers erstes Wort zu Greenspan: »Help.«

Der Fed-Chef hilft, und wie! Die amerikanische Zentralbank senkt die Zinsen und flutet die Märkte mit Liquidität. Der gewünschte Effekt tritt ein. Eineinhalb Jahre später ist der amerikanische Aktienindex Dow Jones wieder auf Rekordniveau, der Schwarze Montag nicht viel mehr als eine Fußnote der Börsengeschichte.

5. ERSTE RISSE IM FINANZSYSTEM

Der Crash von 1987 hat selbstverständlich auch Lerneffekte ausgelöst. Die Börsianer an der New York Stock Exchange, aber auch in London, Frankfurt und an den übrigen großen Finanzplätzen installieren sogenannte *Circuit Breakers*, automatische Handelsstopps, die vergleichbare Panikverkäufe der Computerprogramme bei bestimmten Schwellenwerten verhindern. Zusätzlich wird der Informationsaustausch zwischen den Börsenbetreibern und den amerikanischen Wertpapieraufsehern verbessert. Die großen Investoren und Banken verfeinern ihr Risikomanagement, schränken die *Portfolio Insurance* ein und investieren in noch leistungsfähigere Computer und ausgeklügeltere Algorithmen.

Für den größten Lerneffekt bei allen, die an der Börse handeln, sorgt allerdings Alan Greenspan. Das Rettungspaket des Fed-Chefs wirkt auf die Akteure an den Märkten wie eine perfekte Absicherung gegen Kursverluste, effektiver als jede Variante der *Portfolio Insurance*. Sollte es an den Börsen mal richtig schieflaufen und zu einem Crash kommen, so die Lektion, kommt die Zentralbank zu Hilfe und zieht die Kurse wieder nach oben. Die Notenbank kreiert gewissermaßen für die Anleger eine Verkaufsoption, einen Put, der es ihnen ermöglicht, zu einem guten Preis verkaufen zu können – der Begriff vom »Greenspan-Put« ist geboren.

Hilfseinsätze wie der von Greenspan gehören von Anfang an zu den unauflöslichen Widersprüchen der Wirtschaftspolitik. Einerseits wird dereguliert und globalisiert, verbunden mit einem tiefen Glauben an den Markt und seine Weisheit. Doch zugleich wird das Konzept durch Rettungsaktionen regelmäßig infrage gestellt, wenn etwas schiefzugehen droht.

An der Strategie des entschiedenen Sowohl-als-auch wird deshalb aber nicht gezweifelt. Und sie scheint ja auch aufzugehen. Auf diese Weise legen Zentralbanken und Politik zusammen das Fundament für einen jahrzehntelangen Aufschwung der Weltwirtschaft. Das beginnt mit Paul Volcker, der mit der amerikanischen Zentralbank den Kampf gegen die Teuerung eröffnet und es tatsächlich auch schafft, die Inflation zu besiegen. Es setzt sich fort mit Margaret Thatcher in England und Ronald Reagan in den USA, die um die Wette deregulieren und damit eine neue Wirtschaftspolitik für die westliche Welt prägen, zu der der Freihandel als zentrales Element gehört. Und dann schließt sich auch noch die Europäische Union dieser Bewegung an, erweitert und vertieft den Binnenmarkt und setzt so Wachstumskräfte in ganz Europa frei, insbesondere im Süden.

Der Zusammenbruch des kommunistischen Ostblocks verstärkt den Trend zur Globalisierung mit einer nie dagewesenen Dynamik. China wächst rasant und startet seinen Aufstieg zur verlängerten Werkbank des Westens, Indien positioniert sich erfolgreich in der boomenden neuen Welt der Informationstechnik als Spezialist für Outsourcing.

Millionen Menschen in Asien und Osteuropa finden so Arbeit, eine neue Zukunft und einen gewissen Wohlstand. Aber auch der Westen profitiert von der Globalisierung, insbesondere durch billige Importware. Dies drückt die Inflationsrate weiter und stellt eine Art importierten Wohlstand dar.

Doch die schöne neue Welt aus Globalisierung, anschwellenden Finanzmärkten und quasi-religiösem Glauben an die Fähigkeiten des Marktes beginnt schon damals, erste Risse zu zeigen, auch wenn die zunächst noch verdeckt sind.

In den 1980er-Jahren sind noch nicht die Schwellenländer die Stars, sondern eine Insel: Japan. Keine Wirtschaftsnation wird zu dieser Zeit so bewundert wie die Nippon Inc. Manager pilgern in Scharen nach Fernost, getreu dem Motto »Von Japan lernen heißt siegen lernen«. Experten überbieten sich in Prognosen einer ökonomischen Kolonialisierung Amerikas durch Japan.

Ein regelrechter Nippon-Hype entsteht. Auf dem Höhepunkt des Japan-Booms ist der Grundstückswert des Kaiserpalastes in Tokio (110 000 Quadratmeter) höher als der gesamte Immobilienmarkt Kaliforniens (knapp 424 000 Quadratkilometer). Der japanische Aktienmarkt-Index Nikkei explodiert von 7 100 Punkten im Jahr 1980 auf fast 40 000 im Jahr 1989.

Doch dann platzt die Traumblase. Anfang der 1990er-Jahre stürzt der Nikkei bis auf rund 15 000 Punkte; heute, zweieinhalb Jahrzehnte später, steht er immer noch bei nur 20 000 Punkten. Zumindest für Japaner gilt der Glaubenssatz, Aktien seien vor allem langfristig eine hervorragende Geldanlage, weil Kurssteigerungen über Dekaden unvermeidlich seien, also nicht so ganz.

Wir wollen hier vor allem auf einen Aspekt eingehen, denn eine Ursache des japanischen Booms und Einbruchs zeigt sich in dieser Form und Intensität zum ersten Mal: das Phänomen der wirtschaftlichen Ungleichgewichte und seine Folgen. Die Schattenseite der Reagan-Rallye sind die sogenannten Zwillingsdefizite in den USA, sowohl der Staatshaushalt als auch die Leistungsbilanz ist im Minus. Japans exportorientiertes Wirtschaftsmodell hingegen erzielt in diesen Jahren hohe Überschüsse in der Leistungsbilanz. Die enorme Liquidität aus diesen Überschüssen wird in der zweiten Hälfte der 1980er-Jahre kombiniert mit einer Politik des billigen Geldes durch die japanische Notenbank, um eine Aufwertung des Yen zu verhindern und die Exporte nicht zu gefährden. Beides zusammen füllt eine gewaltige Blase an den Aktien- und Immobilienmärkten Japans, die Anfang der 1990er-Jahre schließlich platzt. Die amerikanischen Defizite wiederum sind die Basis des neuen globalen Finanzsystems. Sie sorgen dafür, dass die Geldströme überallhin fließen.

Eine immer wieder gerne erzählte Geschichte ist die von einer Geldwirtschaft, die sich gänzlich von der Realwirtschaft entkoppelt habe. Leider stimmt das nicht so ganz. Ein Defizit oder ein Überschuss in der Leistungsbilanz ist ein realwirtschaftliches Phänomen. Amerikas Defizit stieg von praktisch null 1982 auf mehr als 800 Milliarden Dollar im Jahr 2006. Simpel ausgedrückt haben die USA seit 1980 jedes Jahr deutlich mehr konsumiert als produziert. Den Differenzbetrag haben die Amerikaner gewissermaßen bei den Lieferanten in Japan, Deutschland, China und Co. anschreiben lassen, indem die Zentralbank massenhaft Dollar-Schuldscheine druckte. Dieser Berg von Abermilliarden Dollar aus den realwirtschaftlichen Ungleichgewichten im Handel wächst seit fast vier Jahrzehnten von Jahr zu Jahr auf heute rund 8.000 Milliarden Dollar, Tendenz weiter steigend.

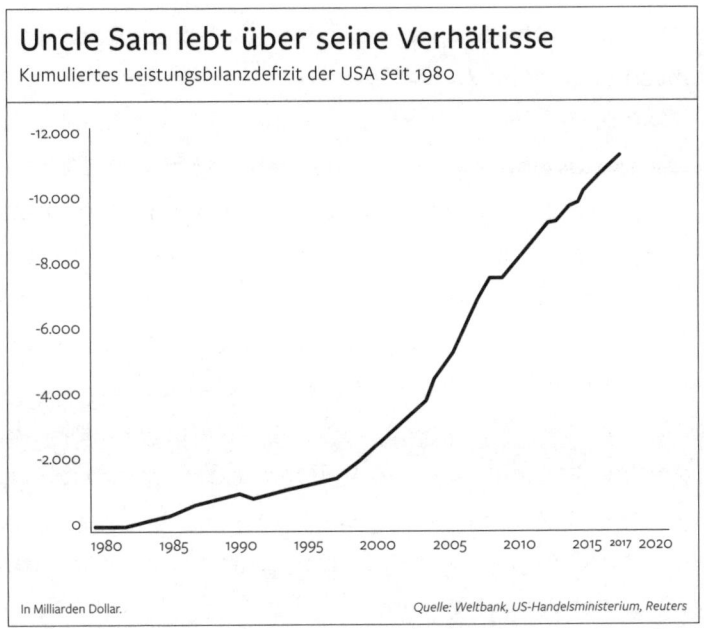

Uncle Sam lebt über seine Verhältisse
Kumuliertes Leistungsbilanzdefizit der USA seit 1980

In Milliarden Dollar.   Quelle: Weltbank, US-Handelsministerium, Reuters

Und Jahr für Jahr sorgt das Finanzsystem nicht nur dafür, dass Geldgeber für das neue Defizit gefunden werden, sondern auch dafür, dass die Kredite für die alten Schulden verlängert oder durch neue Kredite abgelöst werden. Mit anderen Worten: Dieses Geld vagabundiert seitdem um den Erdball.

Damit sind die Defizite der 1980er-Jahre nicht weniger als der wohl wichtigste Treiber des modernen globalen Finanzkapitalismus. Die amerikanischen Banken expandieren nach Europa und Asien, um sich dort gewinnbringend um die vielen Dollar-Schulden zu kümmern. Auf diese Weise entsteht ein weltweiter Dollar-Kapitalmarkt, auf dem sich die Investmentbanken ständig neue und immer raffiniertere Wertpapierprodukte ausdenken, um die wachsenden amerikanischen Defizite zu finanzieren.

Käufer finden sich allen voran in den Ländern, die große Handelsüberschüsse erwirtschaftet haben. Das sind seit damals Japan, dann mehr und mehr China und immer wieder Deutschland. Es ist wichtig zu verstehen, dass der realwirtschaftliche Betrag immer nur den Handel eines Jahres umfasst. In der Finanzwelt hingegen türmt sich die Finanzierung der Defizite als dauernde Altlast auf. Und so kommt es zur Wahrnehmung einer vermeintlichen Entkopplung von Finanz- und Gütermärkten. Fakt ist hingegen, dass die jahrzehntelangen chronischen Defizite an den Gütermärkten das aus den Fugen geratene heutige Finanzsystem erst geboren haben.

Der Umstand, dass Amerika seit 1980 regelmäßig über seine Verhältnisse lebt, liefert den Nachfrageschub, der die realwirtschaftliche Globalisierung ausgelöst hat. Gleichzeitig startet damit aber auch die westliche Schuldenkultur. Möglich sind die jahrzehntelangen Defizite der Amerikaner freilich nur, weil die USA es sich erlauben können, sich nachhaltig in ihrer eigenen Währung zu verschulden. So geht das bis heute. Der Grund: Die USA hatten und haben auch heute noch das Monopol auf den Status der mit Abstand wichtigsten Weltreservewährung – ein enormer strategischer Vorteil. Wir werden später darauf zurückkommen, warum der Euro bisher daran gescheitert ist, dieses Monopol zu brechen.

Halten wir fest: Mit drei Maßnahmen hat die Zentralbank mit aktiver Unterstützung der Politik in den 1980er-Jahren einen neuen Glaubenssatz für Investoren und Börsianer, eine Art neues Mantra für die Märkte geschaffen: Nach der faktischen Pleite und der anschließenden Rettung des Geldhauses Continental Illinois kennt jeder Banker den Begriff »Too big to fail«. Im Klartext: Weil größere Banken für den gesamten Finanzsektor wichtig sind – systemrelevant, wie man heute sagt –, lässt die Notenbank sie nicht pleitegehen. Nach der massenhaften Schieflage amerikanischer Geldhäuser in der *Savings-&-Loans*-Krise rettet der Staat, mithin der Steuerzahler, mit Hunderten von Milliarden die Institute. Und 1987, als die Börse einbricht, kauft die Zentralbank die Anleger mit dem Greenspan-Put frei.

Damit ist eine Spirale des Rettens geboren, die das Verhalten von Investoren und Bankern neu und nachhaltig prägt. Logischerweise verändert sich dadurch die Einstellung zum Risiko drastisch. Mit den Zentralbanken als Nothelfern glauben jetzt fast alle an das neue Schlaraffenland ewig steigender Märkte. Das Zeitalter der wirtschaftspolitischen Alchemie ist angebrochen.

Es entbehrt nicht einer gewissen Ironie, dass in dem Jahrzehnt des unbedingten Glaubens an die Märkte und der Rückführung des Staates es ausgerechnet eine staatliche Institution ist, nämlich die Zentralbank, von der zu jeder Zeit die Rettung von den eigenen ökonomischen Sünden erwartet wird – ein nicht gerade marktwirtschaftlicher Ansatz mit gesellschaftspolitisch äußerst fragwürdigen Folgen. Denn wie bereits erwähnt läuft dies faktisch auf eine Privatisierung der Gewinne (bei vergleichsweise wenigen, eher betuchteren Anlegern) hinaus. Die Verluste dagegen werden sozialisiert, weil die Zentralbank und der Staat, mithin alle Steuerzahler, die Rettung bezahlen.

Mit diesem widersprüchlichen Zweiklang aus mehr Markt und mehr Rettung geht es in den 1990er-Jahren munter weiter. Und eine Welt mit viel Liquidität und hilfreichen Zentralbanken ruft eine neue Gruppe von Spielern auf den Plan, deren ganzes Geschäftsmodell auf Schulden und dem Konzept der Optionalität aufbaut.

Als die Nacht anbrach

1. HEDGEFONDS UND PRIVATE EQUITY – DIE STUNDE DER OPTIONSKÜNSTLER

Die Finanzindustrie hat in den vergangenen 30 Jahren eine Menge von Unterbranchen und Spezialgruppierungen hervorgebracht. Doch keine von ihnen hat die Idee der Optionalität stärker verinnerlicht als die Vertreter der sogenannten *Alternative Investments*, die Hedgefonds und Private-Equity-Firmen. Mehr noch: Optionalität, die ganze Macht und die Möglichkeiten der Optionen, sind letztlich das Wesen ihres Geschäfts.

Das beginnt beim Anreizsystem ihrer Manager. Während die traditionellen Banker in den 1970er-Jahren nach der bereits erwähnten 3-6-3-Regel arbeiten, in den 1980er-Jahren sich dann die Bonusregel der Investmentbanken als Branchenstandard etabliert, kreieren die Hedgefonds und das Private-Equity-Gewerbe ihre berühmte 2/20-Regel. Dabei kassieren die Firmen von ihren Geldgebern unabhängig davon, ob das Investment am Schluss gewinnbringend ist oder mit einem Verlust endet, pro Jahr eine Basisgebühr in Höhe von zwei Prozent des investierten Geldes. Obendrauf lassen sich die Finanzmanager von ihren Kunden die Option geben, im Erfolgsfall 20 Prozent vom Gewinn zu erhalten. Das Risiko, falls es schiefgeht, trägt allerdings ausschließlich der Kunde, trotz der Grundgebühr. Für jeden

Anhänger der Optionstheorie ist das ein brillantes Konstrukt, jedenfalls aus Sicht der Hedgefonds und Private-Equity-Firmen. Sie können eigentlich nur gewinnen, denn sie haben die Option, also das Recht, auf einen Anteil am Gewinn. Diese Option verpflichtet sie aber zu nichts. Der Kunde dagegen muss mit der klassischen Rolle als Stillhalter der Option leben.

Zu prägenden Figuren auf den Kapitalmärkten der 1990er-Jahre werden die neuen Spieler aber erst deshalb, weil sie die Idee der Optionalität in all ihren Varianten auch perfekt in ihr Geschäftsmodell integrieren. Traditionelle Vermögensverwalter investieren das Geld ihrer Kunden in Wertpapiere, etwa Aktien, und versuchen Alpha zu kreieren, also mit ihren Engagements eine höhere Rendite zu erzielen als der Markt, beispielsweise der Aktienindex. Hedgefonds dagegen spekulieren nicht auf die absolute Marktentwicklung, sondern auf die relative Preisdifferenz zwischen Wertpapieren, beispielsweise die Kursentwicklung zwischen der Aktie von General Motors und der von Volkswagen. Sie können also selbst dann gewinnen, wenn beide Kurse fallen – Hauptsache, die Differenz zwischen beiden Papieren entwickelt sich so, wie sie prognostiziert haben.

Ihr Geld verdienen sie mit der sogenannten Long-Short-Strategie, gewissermaßen die Basisvariante ihres Geschäftsmodells. Ein Beispiel: Der Hedgefonds-Manager glaubt, dass die Aktie von General Motors im Vergleich zu Wettbewerbsunternehmen wie Volkswagen unterbewertet ist, ihr Kurs relativ zur VW-Aktie also bald steigen wird.

Also verkauft er die VW-Aktie – die er allerdings gar nicht besitzt, er geht »short«, wie Finanzprofis sagen. Um sie verkaufen zu können, leiht er sie sich von einem VW-Aktionär und zahlt dem eine Gebühr. Natürlich muss er die Aktie zu einem späteren Termin dann auch wieder zurückgeben. Mit dem Geld aus der verkauften Aktie bezahlt der Hedgefonds-Manager dann den Kauf der General-Motors-Aktie. Geht sein Kalkül auf und die General-Motors-Aktie entwickelt sich besser als die VW-Aktie, verkauft er das amerikanische Wertpapier, kauft die VW-Aktie, gibt sie an den Verleiher zurück – und behält den Gewinn.

Für diese Art von Arbitragegeschäften wirkt die Verbriefungswelle am noch jungen, aber stark anschwellenden Kapitalmarkt wie ein Turbo. Immer mehr Forderungen, die vorher zwischen Banken und Bankkunden bestanden, werden jetzt zu börsengehandelten Wertpapieren verbrieft. Ein fast grenzenloses Universum aus Wertpapieren entsteht, das sich mit der Einführung von Derivaten auf Aktien, Anleihen, Kredite oder Rohstoffe noch weiter ausdehnt. Hedgefonds können jetzt auf zahllose Wertpapiere »short« gehen, sie ausleihen und sich so die Liquidität besorgen, um andere Wertpapiere zu kaufen. Ihre Geschäftsmöglichkeiten explodieren geradezu.

Die Manager kommen sich vor wie im Wirtschaftsparadies – zumal sie auch noch die Liquiditätsschwemme gewinnbringend einsetzen können. Sie leihen sich zusätzlich zu ihrem Eigenkapital, den Kundengeldern, weiteres Geld, und zwar ein Mehrfaches ihres Eigenkapitals. Da-

durch operieren sie mit noch deutlich größerer Durch-
schlagskraft.

Die zweite neue Finanzkraft, die Private-Equity-Firmen,
hat sich von Anfang an auf den Unternehmenssektor fokussiert. Ihre Manager kaufen am liebsten Unternehmen, die
nicht erfolgreich gemanagt sind, oder Unternehmenseinhei-
ten, die Großkonzerne bei Umstrukturierungen abstoßen.
Anschließend sanieren sie diese Unternehmen, trimmen sie
auf Effizienz, bauen sie um, verschmelzen sie unter Um-
ständen mit anderen Einheiten und verkaufen sie nach
fünf bis sieben Jahren zu einem deutlich höheren Preis weiter oder bringen sie an die Börse.

Auch hier ist das Besondere die Finanzierungsstruktur
der Unternehmenskäufe, nämlich die Mischung aus Eigen-
und Fremdkapital, also aus den Kundengeldern der Private-
Equity-Firmen und den zusätzlich aufgenommenen Bank-
krediten. Wie viel Fremdkapital eine Private-Equity-Firma
bei einer Akquisition einsetzen kann, wie stark sie also ihr
Eigenkapital hebeln oder *leveragen* kann, wie es im Finanzjargon heißt, hängt ganz wesentlich davon ab, wie viel
Geld der laufende Geschäftsbetrieb des betreffenden Unternehmens im Jahr in die Kassen spült, im Finanzjargon: wie
viel Cashflow es produziert. Davon hängt letztlich auch
das Finanzierungsrisiko ab, dass die Banken als Kreditgeber tragen.

Wenn ein Unternehmen mehr Cashflow produziert, als
es Finanzierungskosten zu bezahlen hat, also Zins und Til-
gung auf die Kredite, kann die Private-Equity-Firma ent-

sprechend viel Fremdkapital verwenden, ihren eigenen Einsatz *leveragen*. Die rechnerisch zwangsläufige Folge: Je mehr Fremdkapital eingesetzt wird, desto höher fällt am Ende auch der Gewinn der Private-Equity-Firma aus, präziser formuliert: die Rendite auf ihr Eigenkapital.

Der Clou an diesem Geschäftsmodell ist die darin implizit enthaltene Optionalität: Die Private-Equity-Firma setzt einen begrenzten Betrag an Eigenkapital ein – Geld, das ihre Kunden ihr anvertrauen – und verschiebt einen Teil des Risikos an die Kreditgeber und an das gekaufte Unternehmen und seine Mitarbeiter. Diese Verschiebung von Risiken ist faktisch nichts anderes als das Ausnutzen von Verhandlungsspielräumen, also Optionen. Denn wenn etwas schiefgeht, wenn das Unternehmen Jahre später doch nicht zu einem höheren Preis verkauft oder an die Börse gebracht werden kann, im schlimmsten Falle pleitegeht, dann tragen die Mitarbeiter des Unternehmens, die kreditgebenden Banken und die Eigenkapitalgeber die Lasten. Der Private-Equity-Manager hat dann möglicherweise ein paar Kunden verloren, und wenn er koinvestiert gewesen ist, im Zweifel auch eigenes Geld. Ihm bleiben auf jeden Fall aber noch die zwei Prozent Verwaltungsgebühr.

Wir wollen Sie mit der Finanztechnik von Private-Equity- und Hedgefonds-Geschäften nicht allzu sehr strapazieren. Wenn man aber verstehen will, warum der in den 1980er-Jahren eingeleitete Finanzkapitalismus sich in den 1990er-Jahren so dynamisch entwickelt hat und welche Verstärkerrolle Hedgefonds und Private-Equity-

Firmen dabei spielten, hilft es, deren Geschäftsgebaren wenigstens in Grundzügen zu verstehen.

Und ihre Verstärkerrolle ist gewaltig. Noch in den 1970er- und 1980er-Jahren sind Hedgefonds und Private-Equity-Firmen nicht mehr als eine Randerscheinung, Nischenplayer des Geldgewerbes, die gemessen an ihrem Geschäftsvolumen keine nennenswerte Rolle spielen. Ende der 1980er-Jahre sind in den USA nicht einmal 200 Hedgefonds aktiv, mit einem Fondsvolumen von im Schnitt einer Milliarde bis 1,5 Milliarden Dollar. Und in Europa kennt man diese Gruppierung überhaupt nicht. Angelockt durch den immer liquideren und sich globalisierenden Finanzmarkt explodiert ihre Zahl in den 1990er-Jahren regelrecht.

Der Branchenfachdienst *Hedge Fund Research* zählt für 1990 bereits 610, fünf Jahre später bereits 2 383 und im Jahr 2000 schon mehr als 3 800 Hedgefonds. 2005 steigt ihre Zahl auf mehr als 8 600. Und im Jahr 2007 übertrifft sie gar die Marke von 10 000. Ihr Eigenkapital, ihre *Assets under management*, springt von 39 Milliarden Dollar auf mehr als 1.200 Milliarden Dollar. Der Effekt, das gesamte Geldvolumen also, das sie an den Märkten bewegen, ist ein Vielfaches davon, weil sie sich auch noch kräftig mit Fremdkapital aufladen – in Einzelfällen bis zum Fünfzigfachen.

Ähnlich stürmisch entwickelt sich die Private-Equity-Branche. 1980 sammelt sie in den USA bei Anlegern gerade mal 600 Millionen Dollar ein. 1991 sind es bereits acht Milliarden Dollar, und neun Jahre später strömen fast 60 Milliarden Dollar zu den Fondsmanagern. Die Globalisierung und die Politik der Zentralbanken, immer mehr Liquidität in die Märkte zu pumpen, beschleunigen den Trend enorm. Kurz nach der Jahrtausendwende verfügen Private-Equity-Fonds weltweit über rund 700 Milliarden Dollar. »Wenn Sie das Fremdkapital dazurechnen, das uns zusätzlich zur Verfügung steht, kommen wir auf eine Firepower von rund drei Billionen Dollar«, rechnet Stephen Schwarzman, Gründer und Chef des New Yorker Private-Equity-Hauses Blackstone, damals vor.

Die beiden neuen Finanzmächte finden eine intellektuelle Basis vor, die nicht besser für sie hätte aufgestellt werden können. Ganz allgemein, weil der Glaube an den Markt und seine Kräfte ausgeprägter ist denn je. Aber auch konkret, weil die Shareholder-Value-Bewegung aus den Business Schools und Universitäten und von dort über sämtliche Unternehmensberatungen in die Wirtschaft getragen wird. Ihre Idee fordert Unternehmen nicht nur dazu auf, Gewinnmaximierung zu betreiben, die Eigenkapitalrenditen zu steigern und Unternehmenswerte zu erhöhen – sie adelt Hedgefonds und Private-Equity-Firmen zu *Change Agents*, die nicht nur selbst Geld verdienen wollen, sondern durch ihr Wirken ganze Volkswirtschaften produktiver, leistungsfähiger und moderner machen, kurzum: die Wohlstand für alle ermöglichen. Zumindest theoretisch.

Ganz praktisch müssen alle CEOs und Vorstandsvorsitzenden, die nicht schnell und konsequent genug ihren Aktienkurs steigern, damit rechnen, ins Visier von Hedgefonds und Private-Equity-Firmen zu geraten. Im schlimmsten Fall droht eine feindliche Übernahme und der Verlust des Chefpostens. Also bleibt vielen Konzernchefs häufig gar nichts anderes übrig, als ihre Unternehmen im Guten wie im Schlechten nach den Musterentwürfen der gerade angesagten Managementmode umzubauen.

2. MASTERS OF THE UNIVERSE VERSUS BANK OF ENGLAND

Zu den Institutionen, die selbst für die ausgeschlafenen Manager der Hedgefonds- und Private-Equity-Szene eine Mischung aus Mythos und Mysterium darstellen, gehört in den 1990er-Jahren ganz sicher die Deutsche Bundesbank. Über die eher konservative Einstellung der Frankfurter Währungshüter gerade beim Thema Finanzinnovationen sind zwar nicht alle Banker in Deutschland glücklich, für mich hat sich der Mythos aber als echter Vorteil erwiesen.

Zu dieser Zeit gibt es nicht viele Deutsche, die in Amerika studiert haben, bei einer amerikanischen Bank arbeiten und sich obendrein für den neuen computergestützten und derivateverfeinerten Finanzmarkt-Kapitalismus begeistern. Das verhilft mir zu etlichen interessanten Terminen. Denn die Hedgefonds, allen voran die Stars der Zunft in New York, interessieren sich verschärft für die Bundesbank: Was hat sie vor? Erhöht sie die Zinsen, senkt sie die Zinsen, wie denkt sie überhaupt? »Bundesbank-Watching« wird zur Chefsache.

Ich bin zu dieser Zeit Ende 20 und Geschäftsführer bei JPMorgan in Frankfurt. Meine New Yorker Kollegen rufen mich häufig nach Amerika, um Fondsmanager zu treffen und denen die Bundesbank, deren Grundhaltung und geldpolitische Philosophie zu erklären. Aufgrund der Macht der deutschen Bundesbank an den Weltfinanzmärkten stehe ich als deutschsprachiger Börsenfachmann mit Wall-Street-Hintergrund hoch im Kurs. Auf diese Weise lerne ich einige der Größen der Hedgefonds-Zunft kennen, brillante Köpfe, mit denen es Spaß macht, stundenlang über Geld und Wirtschaft zu diskutieren.

Sie verlangen Höchstleistungen auch von sich selbst und sind 24 Stunden, 365 Tage im Jahr am Ball. So erzählt mir bei einem Treffen einer der Hedgefonds-Stars, dass er für seinen Urlaub mit der Familie ein Vorauskommando zu seinem Feriendomizil geschickt hat, um in einem Extraraum seiner Suite einen komplett ausgestatteten Händlertisch zu installieren, mit Bildschirmen, Computer und allem, was dazugehört. Eine gewisse Obsession ist eben Teil der Stellenbeschreibung.

Da die Märkte keinen Urlaub kennen, fällt es auch den Fondsmanagern schwer abzuschalten. Denn es geht um viel Geld bei ihren Geschäften. Und die betreiben sie über den gesamten Globus. Bei ihren Operationen durchforsten sie Terabytes an Daten aus Unternehmenskennzahlen und Quartalsberichten, Aktien-, Anleihe- und Wechselkursen, Zinsveränderungen, Salden öffentlicher Haushalte, Leistungsbilanzentwicklungen und allen möglichen anderen volkswirtschaftlichen Kennzahlen – immer auf der Suche nach ungewöhnlichen Konstellationen und Mustern. Finden sie Anomalien, analysieren sie diese, treffen Prognosen über die zu erwartende Entwicklung und investieren entsprechend. Die Hauptdarsteller verdienen in guten Zeiten dreistellige Millionensaläre, pro Jahr!

Wenn der Begriff »Masters of the Universe« in der Finanzwelt jemals eine Berechtigung gehabt haben sollte, dann trifft er am ehesten auf die Protagonisten der Hedgefonds-Szene zu. Sie verfügen immer über die beste technische Ausrüstung und perfektionieren den Computerhandel. Sie spielen Bank, aber ohne die umfassende Regulierung der Banken, und ohne lästige Kunden. Denn sie operieren im Markt, kaufen und verkaufen Wertpapiere. Gewiss, sie haben Investoren, die ihnen Geld anvertrauen und dafür Rendite sehen wollen. Zu melden haben die Investoren aber wenig. Sie können nach einer festgelegten Frist ihr Geld abziehen, viel mehr nicht. Die neuen Akteure sind so etwas wie die letzten noch fehlenden Bausteine einer hoch entwickelten und weltumspannenden Kapitalmarktwirtschaft. Und die anderen Bausteine sorgen dafür, dass die Hedgefonds ein perfektes Umfeld vorfinden:

- Immer leistungsfähigere Computer kommen auf den Markt, die gewaltige Datenmengen auslesen und analysieren können;
- Finanzmathematiker, die immer ausgefeiltere Risikomanagement- und Prognosemodelle entwickeln;
- Politiker, die sich allzu gern darauf verlassen, dass der Kapitalmarkt die Defizite aus dem Staatshaushalt und der Leistungsbilanz finanziert;

- Zentralbanker, die immer und überall für genug Liquidität auf allen Märkten sorgen;
- und ein Bankensystem, das die Bedürfnisse von Hedgefonds und Private-Equity-Firmen an Produkten und Dienstleistungen äußerst wohlwollend erfüllt, da diese anders als herkömmliche Unternehmenskunden weit höhere Margen bezahlen.

Vor allem aber haben die neuen Führungsspieler der Finanzwelt den Zeitgeist als Verbündeten. Sie drängen die Manager, ihre Unternehmen noch stärker auf Shareholder Value zu trimmen, üben mehr und mehr Druck auf ganze Volkswirtschaften aus, etwa wenn die Finanz- oder Währungspolitik ihrer Meinung nach nicht zur wirtschaftlichen Lage des Landes passen.

Zum Wesen von Hedgefonds gehört, dass ihre Manager in der Regel gleich gerichtet operieren. Oder um es etwas plastischer zu formulieren: Sie sind wie Raubtiere, die im Rudel jagen. Und die Ressourcen, die sie dabei zur Verfügung haben, wachsen beachtlich. Zu ihren Geldgebern gehören Pensionsfonds, Banken, Versicherungen und ultrareiche Privatleute. Welche Finanzkraft mobilisiert werden kann, wenn ein Rudel von Hedgefonds dann auf die Jagd geht, bekommt sogar das Vereinigte Königreich zu spüren.

Großbritannien ist im Oktober 1990 dem Europäischen Währungssystem (EWS) beigetreten, einem Verbund, bei dem die nationalen Währungen nur innerhalb enger Bandbreiten gegenüber der europäischen Leitwährung D-Mark schwanken dürfen. Bereits die Modalitäten des Beitritts haben bei Fachleuten Irritationen ausgelöst. So hat der damalige Bundesbankpräsident Karl Otto Pöhl dem britischen Schatzkanzler John Major empfohlen, das Pfund nicht zu einem zu hohen Kurs ins EWS einzubringen. Allerdings vergeblich, aus innenpolitischem Kalkül wählt die britische Regierung den damaligen Tageskurs von 2,95 D-Mark für ein Pfund, ein im längerfristigen Vergleich eher hoher Wert.

Der Kurs der britischen Währung gegenüber der D-Mark darf von nun an nur noch um sechs Prozent nach oben und unten schwanken, so lautet das Reglement des EWS. Der Wechselkurs des Pfunds muss also mindestens 2,773 D-Mark betragen, maximal 3,127 D-Mark. Um ihre Währung in diesem Korridor zu halten, stehen der Bank von England im Wesentlichen zwei Instrumente zur Verfügung: Sie kann den Zinssatz senken (erhöhen), um den Außenwert ihrer Währung gegenüber der D-Mark abzuwerten (aufzuwerten). Doch Zinsänderungen haben in dieser Gemengelage den Nebeneffekt, dass sie die Konjunktur des Landes stimulieren beziehungsweise bremsen.

Bleibt als zweites Instrument die Intervention am Devisenmarkt. Je nachdem, ob die Bank von England ihre Währung gegenüber der D-Mark stützen oder schwächen will, kauft sie Pfund mit ihren Devisenreserven – die dadurch natürlich weniger werden – oder verkauft Pfund, was die Devisenreserven erhöht.

Eine ganze Weile geht im neuen EWS alles gut. Es scheint fast so, als hätten Karl Otto Pöhl und viele andere

Experten mit ihrer Meinung danebengelegen, die Briten hätten beim EWS-Beitritt einen zu hohen Pfundkurs gewählt. Zweifel am Wechselkurs kommen dann aber auf, als die Bundesbank die Zinsen in Deutschland erhöht, weil ihr die Inflationsgefahren als Folge des Wiedervereinigungsbooms zu groß werden. Die Briten müssen nolens volens nachziehen – was auf der Insel einigen Ärger auslöst. Der Konjunkturmotor stottert ohnehin, und jetzt, nach den Zinserhöhungen, können etliche Hauskäufer ihre Kredite nicht mehr bedienen.

Die Zweifel steigern sich, als die Dänen im Juni 1992 in einer Volksabstimmung den Vertrag von Maastricht ablehnen und damit den Fahrplan zur Europäischen Währungsunion blockieren. Vor allem Politiker in Deutschland geraten in Sorge, die Franzosen, die im Herbst ebenfalls ein Referendum zu Maastricht abhalten wollen, könnten den Dänen folgen. Ein harter Stresstest für das EWS wäre dann die Konsequenz. Am 15. September 1992 will Bundesbankpräsident Helmut Schlesinger mit einem Interview die Märkte beruhigen. In dem Gespräch weist er allerdings auch darauf hin, dass vor der französischen Volksabstimmung noch »ein oder zwei Währungen aus dem EWS unter Druck kommen« könnten. Agenturen verbreiten die Nachricht, bis nach New York.

Dort sind viele Finanzprofis ohnehin der Meinung, die britische Währung müsse über kurz oder lang abwerten. Und sie haben am Markt entsprechend investiert, um von einer Abwertung des Pfunds zu profitieren. Ihre Strategie ist eigentlich ganz einfach: Sie borgen sich bei Finanzhäusern, sagen wir 100.000 britische Pfund mit der Verpflichtung, eine gewisse Zeit später diese 100.000 Pfund zurückzugeben, plus Zinsen. Anschließend tauschen sie die 100.000 Pfund um in 295.000 D-Mark, wie es das Wechselkursregime des EWS vorsieht. Und dann warten sie und hoffen, dass die britische Währung tatsächlich abwertet. Sollte das Pfund beispielsweise zehn Prozent gegenüber der D-Mark verlieren, würden die Hedgefonds-Manager ihre 295.000 D-Mark wieder umtauschen, jetzt aber 110.000 Pfund dafür bekommen. 100.000 davon würden sie dem Verleiher zurückgeben, plus die Zinsen, deutlich mehr als 9.000 Pfund könnten sie behalten. So weit das Kalkül. Allerdings haben die Fondsmanager nicht 100.000 Pfund gesetzt, sondern mehr – sehr viel mehr.

Einer dieser Finanzprofis ist George Soros, der gut 20 Jahre vorher einen Hedgefonds gegründet hat, den Quantum Funds. Als die Meldung mit Schlesingers Aussagen am Morgen desselben Tages in New York auf Soros' Schreibtisch landet, hat dessen Quantum Funds bereits 1,5 Milliarden Dollar auf den Niedergang des Pfund gesetzt. Stanley Druckenmiller, Soros' engster Mitarbeiter und operativer Chef des Fonds, hat diese Position scheibchenweise über viele Wochen aufgebaut. Jetzt sieht er die Zeit gekommen, dass sich das Investment bald auszahlen könnte. Er schlägt Soros vor, die Position in den folgenden Tagen sukzessive weiter aufzustocken. Soros ist das zu zaghaft. Jetzt, wo die Notenbanker zum ersten Mal Nerven zeigen, will er aufs Ganze gehen. »Ziele voll auf die Hals-schlagader«, lautet seine Order an Druckenmiller, wie angel-sächsische Medien später schreiben. Übersetzt als Hand-lungsanweisung bedeutet das so viel wie: Bau die Position so schnell aus, wie du kannst, und zwar so hoch wie möglich.

Während die Notenbanker und Politiker in England schlafen, borgt Soros sich so viel britische Pfund, wie er be-kommen kann. In wenigen Stunden erhöht er seine Short-Position auf zehn Milliarden Dollar. Und er ist nicht der ein-zige Fondsmanager, der so handelt. Deshalb gerät das Pfund mächtig unter Druck, als die Märkte am nächsten Morgen in London öffnen.

Um 8.40 Uhr greift die Bank von England tief in ihre Kasse und kauft für eine Milliarde Pfund. Der gewünschte Effekt, die Stabilisierung des Wechselkurses, bleibt aller-dings aus. Kein Wunder, fast alle am Markt diagnostizieren die Lage ähnlich wie Soros und verkaufen Pfund. Die Bank von England kauft dagegen an, so viel sie kann. Bis zum Ende des Tages werden es mehr als 25 Milliarden Pfund.

Um neun Uhr spricht Schatzkanzler Norman Lamont mit Premierminister John Major. Möglicherweise könne das Schatzamt und die ihm unterstellte Bank von Eng-land nicht genug Pfund aufkaufen und den Verfall der Währung stoppen, weil die Devisenreserven nicht reichen, warnt Lamont. Sein Vorschlag: Man müsse jetzt die Zin-sen erhöhen, das steigere am Devisenmarkt die Nachfrage nach der britischen Währung, könne also den Niedergang des Pfund aufhalten. Major lehnt ab. Einen Zinsanstieg kann er dem rezessionsgeplagten Land politisch nicht verkaufen.

Weil alle Stützungskäufe keinen Effekt zeigen, meldet sich Lamont eineinhalb Stunden später erneut bei Major. Er macht klar, wie kritisch die Lage sei, und schlägt wieder eine Zinserhöhung vor. Diesmal stimmt Major zu. Um elf Uhr verkündet die britische Regierung die Erhöhung des Leitzinses von zehn auf zwölf Prozent. Und was macht das Pfund? Es bleibt weiter unter Druck. Am Nachmittag wiederholt sich das gleiche Spiel: Noch einmal erhöhen die Briten den Zins, diesmal sogar von zwölf auf 15 Prozent. Aber der Druck auf das Pfund hält an.

Am Abend um halb acht kapituliert die Bank von England. In einer Pressekonferenz kündigt Schatzkanzler Lamont an, dass die Briten aus dem EWS aussteigen und der Wechselkurs dem Markt überlassen werde. Als die Märkte am Mittwoch, dem 17. September 1992 öffnen, fällt das britische Pfund. Erst nach mehreren Wochen stabilisiert es sich bei einem Minus von 15 Prozent gegenüber der D-Mark, gegenüber dem Dollar verliert es sogar 25 Prozent. Soros und mit ihm viele andere Hedgefonds haben gewonnen.

Allein der Wert des Quantum Funds legt um vier Milliarden auf 19 Milliarden Dollar zu. Einige Monate später sind es sogar 22 Milliarden Dollar. Nach Rückgabe der geliehenen Pfunde bleibt ein Plus von rund fünf Milliarden Dollar. 20 Prozent davon, so die Allgemeinen Geschäftsbedingungen in dem Gewerbe, bleiben bei Soros. So wird der Mann an einem Tag vom Multimillionär zum Milliardär.

Und was, wenn das Pfund gestiegen wäre? Dann hätten Soros und viele andere Fondsmanager ihren gesamten Einsatz verloren. Aber dieses Szenario ist praktisch ausgeschlossen. Zu deutlich ist die Abweichung zwischen dem politisch festgesetzten Wechselkurs des Pfund und dem aus volkswirtschaftlichen Rahmenbedingungen akzeptablen Kurs. Die Spekulation auf ein fallendes Pfund sei deshalb »fast risikolos« gewesen, wie der damalige Bundesbank-Chefvolkswirt Otmar Issing später einmal bemerkt. Soros sieht das ganz ähnlich: »Nicht einmal im Traum« sei er auf die Idee gekommen, schuld am Verfall der britischen Währung gewesen zu sein. Eigentlich sei er »nur den Befehlen unseres Gebieters gefolgt, der Bundesbank«.

Solche Aussagen mögen den Mythos Bundesbank weiter genährt haben, vielleicht haben sie aber auch dazu beigetragen, einen Mythos Soros zu schaffen. Der britische Steuerzahler muss für den verlorenen Machtkampf der Politik gegen den Markt auf jeden Fall richtig teuer bezahlen. Geschätzte 3,3 Milliarden Pfund sind es, fast 60 Pfund pro Kopf. Kein Wunder, dass Premierminister Major dadurch den letzten Rest an Glaubwürdigkeit verliert: Die nächsten Wahlen verliert er.

Vielleicht ist es ein Trost, dass auch andere bei der Attacke von Soros und Co. eine Menge Geld verloren haben, Zentralbanken anderer EWS-Länder etwa, die der Bank von England zu Hilfe geeilt sind. Ein wenig überraschend allerdings, dass auch die Notenbank von Malaysia zu den Verlierern gehört. Die asiatischen Geldpolitiker, von Gesetzes wegen eigentlich der Inflationsbekämpfung und Stabilisierung des Außenwertes ihrer Währung Ringgit verpflichtet, haben auf einen Anstieg des britischen Pfund gewettet, warum auch immer. Am Ende haben sie mehr als fünf Milliarden Dollar verloren.

3. DIE RETTUNG EINES HEDGEFONDS ODER »ANOTHER BRICK IN THE WALL«

Im Frühjahr 1998 werde ich in den Vorstand der Dresdner Bank berufen. Zu meinem Verantwortungsbereich gehört das Wertpapier- und Handelsgeschäft. Dazu zählt auch ein Engagement der Bank bei einem amerikanischen Hedgefonds namens Long-Term Capital Management (LTCM). Es gibt einigen Gesprächs- und Klärungsbedarf, also setze ich mich in den Flieger von Frankfurt nach New York. Von dort fahre ich weiter mit dem Wagen knapp eine Stunde Richtung Nordosten nach Greenwich, Connecticut ins Hauptquartier von LTCM, um mich mit John Meriwether, dem Gründer und Chef des Fonds, und seinem Managementteam zu beraten.

Hedgefonds sind prägend für den Finanzmarkt-Kapitalismus dieser Zeit, wie wir im Kapitel zuvor gezeigt haben. Weltweit gibt es an die 10 000, die mit Abstand meisten in den USA. Typisch für eine bestimmte Gruppe von ihnen, die sogenannten quantitativen Hedgefonds, ist, dass sie auf modernste finanzmathematische Erkenntnisse und hochgerüstete Computersysteme setzen. Ihnen geht es nicht darum, hochriskante Geschäfte einzugehen. Vielmehr wollen sie mithilfe des wissenschaftlichen und technischen Fortschritts das Geschehen auf den Kapitalmärkten kalkulierbar und prognostizierbar machen, letztlich natürlich um hohe Gewinne mit möglichst geringem Risiko zu erzielen. Dabei nutzen sie natürlich auch die reichlich vorhandene Liquidität in den Märkten zur günstigen Refinanzierung und zum Hebeln der eigenen Anlagestrategie.

LTCM, gegründet 1994, ist gewissermaßen der Ferrari unter diesen »intelligenten« Hedgefonds. Meriwether gilt damals bereits als Legende. Er hat in der Branche den Ruf, sehr intelligent, sehr cool und sehr erfolgreich zu sein. Bei der Investmentbank Salomon Brothers, in den 1980er-Jahren vielleicht die erste, ganz sicher aber die profitabelste Adresse der Wall Street, hat Meriwether den Arbitragehandel aufgebaut, später den gesamten Anleihehandel übernommen und es bis zum Vizechef des Hauses gebracht. Ihm und seiner Mannschaft verdankt Salomon den größten Teil seiner Gewinne dieser Jahre.

Schon bei Salomon Brothers ist John Meriwether dadurch aufgefallen, dass er gern intelligente Köpfe an Bord holt, vor allem Finanzmathematiker und Computerprofis. Bei Salomon liefert er auch den legendären Beweis seiner Nervenstärke, die Michael Lewis in dem Buch *Liar's Poker* folgendermaßen schildert: John Gutfreund, die Nummer eins der Investmentbank, verlässt sein Chefbüro und betritt den Händlersaal, offenbar um zu demonstrieren, dass er zwar der Boss ist, gleichzeitig aber auch noch Teil der selbstbewussten und erfolgreichen Händlertruppe. Gutfreund geht zu Meriwether, plaudert ein paar Takte und fordert ihn dann zu einer Partie »Liar's Poker« auf. Das

Spiel ist damals an der Wall Street weitverbreitet. Im Kern handelt es davon, zu erraten, ob die letzte Zahl in der achtstelligen Seriennummer eines Eindollarscheins des Gegenspielers gerade oder ungerade ist, und dabei gut zu bluffen. Meriwether gilt als einer der besten Spieler.

Normalerweise geht es um einen Einsatz von einem Dollar. An der Wall Street und in dieser Zeit ist der Einsatz allerdings etwas höher. Gutfreund fordert seinen Starhändler mit der üblichen Ansage heraus: »One million, no tears« – also eine Million Dollar Einsatz, und der Verlierer darf nicht jammern. Für Meriwether eine heikle Situation. Verliert er, ist er eine Million Dollar los, selbst für ihn eine Menge Geld. Gewinnt er, steht sein Chef vor den Händlern als Verlierer da. Meriwether reagiert mit einem Bluff, um sich aus dem Dilemma zu ziehen. Er schlägt Gutfreund vor, doch nicht um Kleingeld zu spielen: »Ten million Dollars, no tears.« Gutfreund soll geantwortet haben: »Du bist verrückt«, und den Handelssaal darauf verlassen haben.

Ich weiß nicht, ob die Episode wahr ist. Ich weiß aber ganz bestimmt, dass Meriwether bei Geldgeschäften alles andere als ein Zocker ist. LTCM hat er dafür konzipiert, kleine bis kleinste Preis- und Kursanomalien zwischen Wertpapieren aufzuspüren und mit entsprechenden Investments darauf zu setzen, dass der Markt diese Anomalien im Lauf der Zeit schon ausgleicht – eine Art perfekte, nahezu vollautomatische Arbitragemaschine, die von einem effizienten Markt ausgeht und mit überschaubarem Risiko hohe Gewinne erwirtschaftet. Weil die Preisanomalien zum Teil minimal sind, können hohe Gewinne nur durch hohen Kapitaleinsatz erzielt werden. Das schafft LTCM, indem es sein Eigenkapital kräftig mit im Überfluss vorhandenem Fremdkapital hebelt. Im Schnitt kommen zu jedem Dollar Eigenkapital 25 bis 30 Dollar Fremdkapital.

Damit dieses Geschäftsmodell reibungslos funktioniert, versammelt Meriwether unter dem Dach von LTCM das Beste, was die Welt der Hochfinanz zu bieten hat – das Dream-Team des Kapitalmarkt-Kapitalismus der 1990er-Jahre: die beiden Finanzprofessoren Robert C. Merton und Myron S. Scholes, die gemeinsam mit dem Wissenschaftler Fisher Black die wichtigste Formel des modernen Finanzsystems entwickelt und verfeinert haben, nämlich die Formel zur Bestimmung von Optionspreisen. 1997 wird ihre Arbeit mit dem Nobelpreis geadelt. Zu dem Team gehört auch David Mullins, vorher Vizechef der amerikanischen Zentralbank.

Und die besten Köpfe sorgen auch dafür, dass LTCM über die besten Risikomanagementsysteme und die leistungsfähigsten Computer seiner Zeit verfügt. LTCM nennt sich zwar Hedgefonds, doch die Firma gilt eher als eine Art hyperintelligenter Arbitragealgorithmus. Ihre Manager kommen sich nicht als Spieler vor, haben nie das Gefühl, sie würden in ein Casino gehen und auf Rot oder Schwarz setzen. Meriwether & Co. fühlen sich eher, als hätten sie die Traumformel der Alchemisten gefunden, Gewinnen ohne Risiko.

Und die Geschäfte entwickeln sich prächtig. 1994, in seinem ersten Jahr, erwirtschaftet LTCM eine Rendite von

28 Prozent – die meisten anderen Hedgefonds verlieren in dem betreffenden Jahr Geld. In den beiden folgenden Jahren erreicht die Rendite Traummarken von 42,8 Prozent und 40,8 Prozent. 1996 dürfte LTCM weltweit das Unternehmen mit dem höchsten Pro-Kopf-Gewinn sein: 100 Mitarbeiter erwirtschaften einen Gewinn von 2,1 Milliarden Dollar. Ein Jahr später erhalten die LTCM-Vordenker Merton und Scholes den Wirtschaftsnobelpreis.

Der Erfolg treibt LTCM weitere Investoren zu. Der Andrang ist so groß, dass irgendwann eine Warteliste eingeführt werden muss. Und das Eigenkapital dehnt sich zeitweise auf mehr als sieben Milliarden Dollar. Damit bewegt LTCM gut und gerne 140 Milliarden Dollar, indem die Fondsmanager das Geld der Kunden kräftig mit Fremdkapital aufpumpen, Liquidität, also billige Finanzierungsmöglichkeiten, ist schließlich reichlich vorhanden. Wer so viel Leverage fährt, darf sich freilich nicht viele Fehler erlauben. Oder etwas konkreter: Wenn man mit seinen Engagements nur um vier oder fünf Prozent danebenliegt, ist man schnell pleite. Als LTCM 1997 selbst die Asienkrise anders als etliche andere Hedgefonds besser als nur glimpflich übersteht und seinen Investoren eine Rendite von mehr als 17 Prozent präsentiert, gelten Meriwether & Co. endgültig als Superstars.

Doch dann kommt der Sommer 1998: Überraschend wird Russland von der Asienkrise infiziert. Das Land kann einen Teil seiner Staatsschulden nicht mehr bedienen, Kapitalflucht und ein Kursverfall des Rubel folgen und ziehen ein paar Tage später auch die Anleihen anderer Schwellenländer nach unten. Schließlich fallen auch noch die Aktienkurse in den USA und Europa zweistellig. Auf einmal passen die Finanzalgorithmen von LTCM nicht mehr zur Wirklichkeit. Nichts passiert mehr so, wie die Computer es prognostiziert haben. Die Folge: LTCM gerät ins Taumeln. An einem einzigen Tag verliert die Firma mehr als 550 Millionen Dollar, einen Monat nach Ausbruch der Russland-Krise erreicht das Minus fast zwei Milliarden Dollar.

Wenig später steht der einst als Geldmaschine und Wunderwerk aus Finanzmathematik und Computertechnologie gefeierte Hedgefonds vor der Pleite. Und wie schon im Fall Continental Illinois 14 Jahre zuvor macht sich in der amerikanischen Zentralbank Crash-Stimmung breit. Als die Geschäftsbank aus dem Mittleren Westen zahlungsunfähig gewesen ist, hat sich die Zentralbank zur Rettung entschlossen, Milliarden in das Institut und den Markt gepumpt und damit das Phänomen des »Too big to fail« begründet. Das Bankhaus Continental Illinois hat gerade mal eine Bilanzsumme von 40 Milliarden Dollar gehabt, der Hedgefonds LTCM ist 1998 mehr als dreimal so groß. Wenn es nur darum gehen würde, einen Hedgefonds pleitegehen zu lassen, hätte Fed-Chef Alan Greenspan damit wohl kein Problem. Was ihn umtreibt, sind – ähnlich wie es seinem Vorgänger Paul Volcker im Fall Continental Illinois ergangen ist – die Folgen für die Finanzbranche und die Märkte. Insgesamt ist schließlich mehr als eine Billion Dollar im Feuer.

Also entschließt sich Greenspan, LTCM vor der Pleite zu bewahren. Der Fed-Chef beordert ein Dutzend Chefs der wichtigsten Banken am 23. September 1998 zur Krisensitzung nach New York. Um zwei Uhr nachts ist LTCM gerettet. Die Banken werden verdonnert oder überzeugt, zusammen 3,65 Milliarden Dollar zu investieren. Als unterstützende Maßnahme senkt die Fed zusätzlich auch die Zinsen und pumpt Liquidität in den Markt. Dadurch wird es mit der Zeit möglich, die zahllosen noch offenen Wertpapierpositionen des Hedgefonds abzuwickeln. Das gelingt so gut, dass die an der Rettung beteiligten Banken ihr Geld wiederbekommen. Die Anleger von LTCM, die gut fünf Milliarden Dollar investiert haben, verlieren 90 Prozent ihres Einsatzes.

Ich habe John Meriwether als blitzgescheiten, ausgesprochen sympathischen Menschen kennengelernt. Und als einen Manager, der zu jedem Problem eine Lösung weiß. Jetzt aber treffe ich einen anderen John Meriwether: geschockt und ratlos. Er kann nicht glauben, was passiert ist, und steht mit seinen beiden Nobelpreisträgern niedergeschlagen vor den teuersten Computern, die man für Geld kaufen kann. Eine seiner Führungskräfte deutet auf den Bildschirm. »Das«, so sagt er, »war nach unseren Modellen gar nicht möglich.«

Und doch ist genau das passiert. Aber hätte die amerikanische Notenbank die Rettung nicht organisiert und die Abwicklung der LTCM-Pleite dem Markt überlassen, wäre der Schaden wohl noch sehr viel höher ausgefallen. Deshalb überwiegt bei den beteiligten Akteuren und in der gesamten Financial Community die Erleichterung.

Das Desaster wird in Politik und Medien als ein bedauerlicher Einzelfall abgetan, als Verirrung von ein paar Nobelpreisträgern und einem ehemaligen Starhändler. Aber der Markt, das gesamte Finanzsystem, so die allgemeine Überzeugung, habe im Grundsatz doch ganz gut funktioniert. Klar, wenn jemand etwas Neues wagt, könne auch mal was schiefgehen. Aber dank der Notenbank habe man alles doch schnell wieder in den Griff gekriegt. Wenn es Lehren aus dem Fall LTCM gebe, dann diese: Man müsse halt noch stärker verfeinerte Risikomanagementsysteme einsetzen, noch bessere Computer, und im Notfall kommt die Zentralbank zu Hilfe, mit noch mehr Liquidität. Nicht etwa Zweifel an der Entwicklung des Finanzsystems kommen auf, sondern Optimismus. An der Wall Street sind jetzt viele, auch hochrangige Experten überzeugt: Trotz Asien-, Russland- und LTCM-Krise – wir stehen vor einer Jahrzehnte andauernden Wachstumsphase.

Heute wissen wir es etwas besser. Gescheitert ist LTCM nicht an der Grundidee. Gescheitert sind Meriwether & Co. letztlich daran, dass sie und ihre Nachahmer nach den Erfolgen der ersten Jahre irgendwann so viel Geld auf die Arbitragealgorithmen gesetzt haben, dass ihr System sich selbst zerstören muss. Der Fonds ist im Sommer 1998 schlichtweg nicht mehr in der Lage, Wertpapiere zu kaufen oder zu verkaufen, weil in den Märkten, in denen er seine Arbitragegeschäfte getätigt hat, genügend andere Marktakteure fehlen – LTCM ist der Markt. Letztlich haben sich ihre Computermodelle selber ad absurdum geführt.

Zwei Lehren müssen wir daraus ziehen: Die hoch entwickelte Technologie der algorithmusbasierten Geldanlage und die reichlich vorhandene Liquidität auf den Märkten haben den Marktteilnehmern ein falsches Gefühl von Sicherheit vermittelt. Dies hat dazu geführt, dass die Risiken unterschätzt worden sind – wie schon bei der *Portfolio Insurance*. Und die zweite Lektion, die man nicht oft genug wiederholen kann: Wenn es ernst wird, wenn eine Krise droht, überlassen die Zentralbanken den Markt lieber nicht sich selbst, sondern greifen in seine Abläufe ein. Und fast die gesamte Wirtschaftswelt steht dahinter. Eine ausgesprochen widersprüchliche Haltung: Einerseits propagieren alle gern, der Markt sei das effizienteste Koordinationsinstrument. Wenn es aber hart auf hart kommt, sinkt das Vertrauen in die Weisheit und Effizienz des Marktes rapide.

4. DIE RISSE WERDEN GRÖSSER

Die späten 1990er-Jahre, als die Asienkrise sich erst andeutet, dann ausbricht und auch noch andere Länder infiziert, werden für viele im Finanzgewerbe zum persönlichen Stresstest. Ich selbst erlebe in dieser Zeit oft genug, wie es sich anfühlt, wenn die Märkte erst labil, dann zunehmend nervös werden und schließlich die Krise die Börse erreicht.

Ausgerechnet in einer solchen Gemengelange habe ich einen Pflichttermin, der eigentlich ausgesprochen erfreulich ist: die Eröffnung des neuen Handelsraums der Dresdner Bank in London. Dabei verniedlicht das Wort Handelsraum die Dimensionen. Es ist ein gewaltiger Saal, mit Platz für Hunderte Wertpapierhändler, ebenso viele Computer und vielleicht dreimal so viele Monitore.

Mitten ins Vorbereitungsmeeting mit meinen Mitarbeitern platzt die Nachricht, die amerikanische Börse sei gerade extrem schwach gestartet. Erneut, denn es herrscht schon seit Tagen eine ausgesprochene Katerstimmung. Die LTCM- und die Asienkrise scheinen das ganze Finanzsystem zu bedrohen. Während ich meine Rede an die Wertpapierhändler halte, bricht der Dow Jones regelrecht ein. Umso engagierter argumentiere ich, dass kurzfristige Marktschwankungen unseren Glauben an eine gute Zukunft für den Wertpapierhandel nicht erschüttern können. Kurz vor

dem Ende meiner Rede dreht der amerikanische Börsen-
markt dann plötzlich, die Kurse erholen sich. Leider gilt es
festzuhalten, dass meine Rede absolut keinen Einfluss auf
die Trendwende gehabt hat.

Solche Kurskapriolen, vor allem aber Krisen wie in
Asien oder beim Absturz von LTCM aus dem Finanzolymp,
lassen niemanden in Wirtschaft und Politik unbeeindruckt,
allein schon, weil solche Krisen teuer sind. Sie werden aber
eher wie Verkehrsunfälle wahrgenommen, bei denen einige Akteure ein paar Schrammen abbekommen haben.
Und weil der Rettungswagen stets schnell zur Stelle ist
und vorbildlich Erste Hilfe leistet, geht alles glimpflich ab:
Erst stürzen die Kurse ab, dann erholen sie sich wieder.

Das Rettungskommando besteht vor allem aus dem
amerikanischen Zentralbankchef Alan Greenspan, dem US-
Finanzminister und früheren Co-Chairman der Investmentbank Goldman Sachs, Robert Rubin, und dessen Staatssekre-
tär Larry Summers, einem ehemaligen Harvard-Professor.
Nach einer Serie von Rettungsaktionen hebt das Nachrich-
tenmagazin *Time* im Februar 1999 das Trio auf die Titelseite
mit der Zeile: »Das Komitee, das die Welt gerettet hat«. Die
Botschaft: Gewiss, es mag in der neuen Finanzwelt hin und
wieder Krisen geben und vielleicht sogar Crashs. Doch das
beherzte Eingreifen von Notenbanken und Politik sorgt
dafür, dass sämtliche Schäden schnell beseitigt und vergessen sind.

Diese Einstellung prägt jene Zeit, und das durchaus mit
einigem Erfolg. Keine Frage, in den 1990er-Jahren erlebt

die schöne neue Welt aus Deregulierung, Globalisierung und mehr Markt einen Höhenflug. Die positiven Auswirkungen in Form eines boomenden Welthandels, steigender Aktienkurse, fallender Zinsen, niedriger Inflationsraten und einer relativ stetig wachsenden Wirtschaft sind überall sichtbar und kommen bei den Menschen an. Dazu erschließen aufregende Technologien wie das Internet völlig neue Möglichkeiten. Das Gefühl, die wirtschaftspolitische Zauberformel gefunden zu haben, steigert sich zur Gewissheit.

Goldilocks Economy heißt diese Konstellation in der angelsächsischen Welt. Der Begriff stammt von einem englischen Märchen, das im Deutschen *Goldlöckchen und die drei Bären* heißt. Aus diesem Märchen abgeleitet wird ein Zustand als *Goldilocks* bezeichnet, wenn er weder in die eine noch in die andere Richtung extrem ausschlägt, also weder zu heiß noch zu kalt ist, genau wie der Brei der Bären im Märchen. In diesem Idealzustand, im *Goldilocks*, sehen damals viele Menschen Politik und Wirtschaft. Mit dieser Erfolgsformel, davon sind Experten überzeugt, stehe man vor Jahrzehnten des Aufschwungs und der Prosperität.

Mehr und mehr wird die gesamte westliche Welt von dieser Euphorie befallen. Die gesamte westliche Welt? Nicht ganz, ein Land im Herzen Europas leistet hartnäckig Widerstand und bleibt kritisch – Deutschland. Ein Grund dafür sind sicherlich die teuren Folgen der Wiedervereinigung von 1990. Wirtschaftsforschungsinstitute taxieren allein die Kosten der ersten zehn Jahre auf 1,2 Billionen bis 1,5 Billionen D-Mark, umgerechnet also rund 600 bis 750 Milliarden

Euro. Zum anderen sind die Deutschen gegenüber angelsächsischen Trends traditionell eher skeptisch. Das ist bei der neuen Variante der Marktwirtschaft in Form des angelsächsischen Wertpapier-Kapitalismus nicht anders.

Es dauert eine ganze Weile, bis die Deutschen auf den Geschmack der schönen neuen Finanzwelt kommen. Doch am Ende dieses boomenden Jahrzehntes werden auch sie mitgerissen. Sie lassen sich jetzt sogar für die Börse begeistern und investieren in Aktien. Als 1997 der »Neue Markt« gegründet wird, ein Handelssegment für Unternehmen der aus Amerika über den Atlantik geschwappten Idee der New Economy, setzt ein regelrechter Run von Unternehmen und Investoren ein. Es bleibt aber nicht mehr als ein Strohfeuer. Und nicht nur der »Neue Markt«, letztendlich sollte sich die gesamte vermeintlich perfekte neue Wirtschaftswelt bald als Märchen herausstellen.

Aber zunächst entwickeln sich die Wirtschaftsindikatoren ausgesprochen erfreulich, zumindest oberflächlich betrachtet. In den USA verschwindet unter dem neuen Präsidenten Bill Clinton sogar das aus der Ära Reagan geerbte Haushaltsdefizit und verwandelt sich für kurze Zeit in einen Überschuss. Nicht so das Leistungsbilanzdefizit. 1991, als die amerikanische Wirtschaft in eine kurze Rezession rutscht, ist das schon lange Zeit bestehende Defizit für ein paar Quartale so gut wie verschwunden, die Waren-, Dienstleistungs- und Kapitalverkehrsbilanz der Amerikaner mit dem Ausland also ausgeglichen. Dann aber steigt das Defizit wieder, ohne Pause, von Monat zu Monat. Bis kurz vor der Krise 2008 schwillt es auf selbst für die USA gigantische 200 Milliarden Dollar pro Quartal an.

Der Treiber dieser Entwicklung ist nicht mehr das Haushaltsdefizit. In den 1990er-Jahren schaffen die Politiker es sogar, die Staatsfinanzen in den Griff zu kriegen und das Defizit zu verringern. Zum Ende der Dekade ist es faktisch verschwunden. Dafür speist sich das explodierende Leistungsbilanzdefizit aus einer anderen Quelle: der sprunghaft ansteigenden Verschuldung privater Haushalte. Die Amerikaner finden also zunehmend Freude daran, mehr Geld auszugeben, als sie verdienen. Sie werden dazu regelrecht animiert.

Ende der 1990er-Jahre bin ich mit einem Kollegen von der Dresdner Bank in den USA. Wir besuchen einige Kunden, große Fonds und Versicherungen. Als wir auf dem Highway unterwegs zu einem Kunden sind, können wir die übergroßen Werbeplakate gar nicht übersehen, die zum Leben auf Pump einladen. Ein Slogan bringt die neue Einstellung zum Geldausgeben besonders treffend auf den Punkt: »No Money, No Problem«. Klar, es gibt ja Kredite.

Für die Finanzindustrie ist die lockere Einstellung der Amerikaner zum Geldausgeben ein gefundenes Fressen. In den 1980er-Jahren hat die Branche gut daran verdient, dass sie die Staatsschulden weltweit platziert hat, um das Leistungsbilanzdefizit des Landes zu finanzieren. Jetzt, wo der Staat seine Schuldenaufnahme drosselt, kommt der wachsende Finanzierungsbedarf der Privathaushalte und Unternehmen wie gerufen.

Mehr noch: Bei Staatsanleihen gibt es für Banken nicht besonders viel zu verdienen. Die Volumina sind zwar groß, aber die Margen eher bescheiden. Ganz anders im Privatsektor. Die steigende Verschuldung der Privathaushalte bietet dem Geldgewerbe enorme Möglichkeiten. Für Investmentbanken ist der neue Finanzierungsbedarf eine Goldmine. Jetzt können sie in großem Stil Kredite in Wertpapiere umwandeln, neu strukturieren und verpacken und noch einmal umpacken. Die vielen kleinen Schulden von Millionen von Menschen eignen sich hervorragend für die Computermodelle und finanzmathematischen Algorithmen, um aus Millionen von Datensätzen Prognosen über Ausfallwahrscheinlichkeiten und Zahlungsmoral zu machen. Und dann die tollen Margen: Zehn Prozent und mehr lassen sich in diesem Markt erzielen, beispielsweise bei der Überziehung von Kreditkartenkonten.

Die Freude der Verbraucher am Geldausgeben löst im amerikanischen Finanzgewerbe eine regelrechte Verbriefungsorgie aus, also eine massenhafte Umwandlung von Krediten in Anleihen, die dann auch an Börsen gehandelt werden können. Die Institute verbriefen alles, was sich irgendwie verbriefen lässt – von Kreditkartenforderungen über Autodarlehen und Studentenkredite bis hin zu Immobiliendarlehen.

Nachdem sie die Anleihen strukturiert und aus Hunderttausenden von Kleinkrediten zusammengebastelt haben, sind die Ratingagenturen an der Reihe, Unternehmen wie Standard & Poor's oder Moody's . Die kommen immer dort zum Einsatz, wo Wertpapiere ein Gütesiegel brauchen, damit die Käufer das Risiko einschätzen können. Jetzt zertifizieren sie die aus einer Vielzahl von Krediten zusammengesetzten und vielfach umverpackten neuen Anleihen – und fertig ist Amerikas neuer Exportschlager für den Weltmarkt.

Viele andere Länder sitzen aufgrund der akkumulierten amerikanischen Leistungsbilanzdefizite auf großen Mengen von Dollar. Und diese Dollar müssen ja irgendwie angelegt werden. Die realwirtschaftliche Komponente dieser Entwicklung kann man etwas zugespitzt so formulieren: Die vielen Containerschiffe, die aus Übersee in den amerikanischen Häfen ankommen, sind bis an die Decke mit Waren beladen, mit chinesischen Spielwaren, deutschen Werkzeugmaschinen oder anderen Importprodukten, die in den USA gefragt sind. Auf dem Rückweg fahren die Schiffe aber fast ohne Gepäck, weil das bedruckte Papier mit den neuen Dollar-Schulden kaum Platz braucht.

Importwaren für die Amerikaner gegen Dollar-Schulden – jahrelang, nein, jahrzehntelang geht das schon so. Kein Wunder, dass sich die Finanzierung der Konsumentenwünsche schnell zu einem der ertragsreichsten Wachstumsfelder für das Geldgewerbe entwickelt. Die Gewinnchancen locken nicht nur Banken. Der Automobilkonzern General Motors zum Beispiel verdient mit seiner eigenen Finanzgesellschaft, einer der größten der Welt, zu dieser Zeit an Finanzierungen von Autokäufen oft mehr als mit dem Bau der Fahrzeuge.

Und die Finanzgesellschaft des Mischkonzerns General Electric, des damaligen Stars der Shareholder-Value-Bewegung, steigt zum internationalen Marktführer in der Konsumentenfinanzierung auf. Die Finanzsparte wird so zeitweise der profitabelste Geschäftsbereich des Konzerns. Nichtbank-Banken werden diese Unternehmen getauft, weil sie gewaltige Finanzierungsvolumen bewegen.

Immer kreativere Formen der Verbriefung entstehen, vor allem in Verbindung mit Hypothekendarlehen. Der boomende amerikanische Immobilienmarkt treibt die Verbriefungsarchitekten in immer gewagtere Konstruktionen, die schließlich im *Subprime*-Markt münden. Das aus Sicht ihrer Macher Geniale daran ist, dass große Bündel solider und riskanter Hypothekendarlehen quer über die gesamten Vereinigten Staaten nach den Vorgaben von hoch entwickelten Computerprogrammen gemischt, zusammengefasst, in Tranchen zerlegt und dann neu gebündelt werden – so lange, bis die Ratingagenturen den Wertpapieren den höchsten Bonitätsstatus Triple A verleihen können.

Deutsche Banker können angesichts der Geschäftstüchtigkeit ihrer angelsächsischen Kollegen nur staunen und zuschauen. Denn anders als in den USA und weiteren Ländern des Westens, allen voran England, verweigert sich der typische deutsche Privathaushalt dem Schuldenmachen. Er spart und bringt sein Geld am liebsten zur Sparkasse. Und wie legt diese das Geld dann an? Etliche Landesbanken kaufen mit den Einlagen schon bald die neuen Wertpapiere aus den USA. Ein paar Jahre später erweisen sich diese vermeintlich sicheren Anlagen als Desaster. Doch kurz nach der Jahrtausendwende kommen die Computer zu ganz anderen, ausgesprochen positiven Risikoeinschätzungen, sonst hätten die Ratingagenturen den Immobilienanleihen schließlich nicht die beste Bonitätsnote gegeben.

Die wachsende Verschuldung der Privathaushalte wird zwar als Problem erkannt, lässt sich aber mit einer einfachen Rechnung relativieren. Denn die Haushalte haben ja nicht nur Schulden, sie verfügen auch über Vermögen: vor allem Immobilien, eigengenutzte und vermietete Häuser und Wohnungen. Dazu kommen häufig Aktiensparpläne für die Altersversorge. Da Aktien und Immobilienpreise so stark gewachsen sind, so die Argumentation vieler Experten, steigt trotz wachsender Schuldenlasten die relative Schuldenquote am Vermögen nicht.

Dazu ein kleines Rechenbeispiel: Nehmen Sie an, Sie besitzen eine Immobilie und Aktien im Marktwert von 500.000 Euro, sind gleichzeitig aber mit 250.000 Euro verschuldet. Ein paar Jahre später steigt der Wert der Immobilie und der Aktien auf 750.000 Euro, Ihre Schulden auf 375.000 Euro. Absolut betrachtet sind Sie natürlich höher verschuldet. Weil Sie gleichzeitig aber auch sehr viel vermögender sind, dank gestiegener Immobilienpreise und Aktienkurse, ist Ihre relative Verschuldung kein bisschen höher als vorher. Genau das ist die Denkweise dieser Zeit: Ein Perpetuum mobile des ungefährlichen Verschuldens ist entstanden, alles bestens also.

Diese Sichtweise klammert freilich ein paar gravierende Nachteile aus. Mit den steigenden Privatschulden steigt nämlich die Abhängigkeit von den Aktien- und Immobilienmärkten. Die wachsenden Schulden sind nur so lange kein Problem, solange auch die Aktienkurse und die Immobilienpreise entsprechend zulegen. Was aber, wenn die Preise für Sachwerte, also Immobilien und Aktien, stark fallen? Das darf nun schlicht nicht mehr passieren. Wir bekommen jetzt also gewissermaßen eine »Marktwirtschaft« mit zwingender Rettungslogik. Denn Schulden und Vermögenswerte müssen wenigstens einigermaßen in Balance bleiben. Die Frage, ob und wie stark eine vermeintlich unabhängige Zentralbank bei hohen Schuldenständen überhaupt noch die Zinsen erhöhen kann, falls dies notwendig werden sollte, will in diesen Zeiten niemand stellen und schon gar nicht beantworten.

Warum auch? Zunächst scheint die Entwicklung nur Gewinner zu produzieren. Der Finanzsektor verdient viel Geld, die Güternachfrage bleibt dank der Schulden auch bei stagnierenden Realeinkommen robust, und die Aktien- und Hausbesitzer fühlen sich immer wohlhabender. Die Politik schließlich kann sich angesichts dieser vermeintlich erfolgreichen Goldilocks-Wirtschaftspolitik feiern lassen.

Passenderweise ist die Unternehmensführung in dieser Zeit ganz von den Ideen des Shareholder Value geprägt. Im Kern, so die Hypothese der an allen Wirtschaftshochschulen verbreiteten Lehre, ist ein steigender Aktienkurs der beste Indikator für Unternehmenserfolg. Die Theorie des

Shareholder Value ist damit tief im Glauben an die Weisheit des Finanzmarktes verankert. Denn nur der Aktienmarkt, so die Überzeugung der Anhänger des Shareholder Value, könne all die vielfältigen mehr oder weniger relevanten Faktoren genauer berücksichtigen, um mit dem daraus abgeleiteten Kurs das Unternehmen und sein Management exakter zu bewerten. An dieser Theorie ist durchaus einiges dran. Und die Praxis scheint das auch zu bestätigen. Der Druck des Aktienmarktes zwingt das Management, Unternehmen auf Effizienz zu trimmen, unnötige Kosten zu kappen und Gewinnpotenziale tatsächlich auszuschöpfen.

Diese Theorie wird im Laufe der Zeit immer absoluter in ihrem Anspruch, nicht zuletzt was die Anreizstruktur für das Management betrifft. Optionen auf Aktien des eigenen Unternehmens werden jetzt zum bevorzugten Anreizinstrument. Das heißt konkret, dass die obersten Führungskräfte das Recht erwerben, zu günstigen Konditionen Aktien ihres Unternehmens zu kaufen, wenn sie gewisse Ziele erreichen, etwa beim Aktienkurs. Etwas Besseres hätte den Managern nicht passieren können: Steigt ihre Aktie, verdienen sie nun richtig viel Geld. Fällt die Aktie, bleibt ihnen immer noch das Grundgehalt. Kündigt ein Konzernchef eine Übernahme oder Fusion an, die von der Börse mit einem Kurssprung der Aktie aufgenommen wird, profitieren die Manager bisweilen massiv, auch wenn der Unternehmensdeal sich später als Flop erweisen sollte.

So ist das eben mit Optionen. Und nicht wenige Unternehmensführer wissen die neuen Möglichkeiten geschickt zu nutzen. Sie sprechen nur allzu gern von Wertsteigerung, meinen damit oft aber nur die Kurssteigerung ihrer Aktie. Ob ein Kursplus an der Börse auf gute Unternehmensführung zurückzuführen ist oder auf die allgemeine Marktentwicklung, spielt häufig keine Rolle. In diesem Umfeld macht es Sinn, dass immer mehr Unternehmen statt zu investieren lieber ihre eigene Aktie zurückkaufen, oft mit neuen Schulden. Auch Hedgefonds erzwingen oft kurzfristige Aktionen, die den Aktienkurs zunächst erhöhen, nicht selten aber ebenso die Verschuldung.

Wirtschaftslaien mögen solche Manöver wie ein Verstoß gegen den gesunden Menschenverstand vorkommen. Doch für Finanzprofis ist die Logik dahinter bestechend. Denn wenn der Verschuldungsgrad steigt, bleibt bei konstanten Gewinnen mehr für die Aktionäre übrig. In einer Welt vorhersehbarer stabiler Gewinne ist es aus Sicht des Aktionärs zumindest theoretisch sogar optimal, fast nur mit Schulden zu operieren. Und wenn alle an die *Goldilocks*-Wirtschaft glauben und obendrein auch noch davon ausgehen können, dass der Greenspan-Put gilt, die Zentralbanken im Fall einer Krise also die Geldpolitik lockern und die Börse wieder nach oben treiben, dann macht es nüchtern kalkuliert durchaus Sinn, dass Unternehmen ihre Schulden erhöhen.

In den 1990er-Jahren geht dabei ein amerikanischer Konzern namens Enron viel zu weit. Das Unternehmen betreibt

Gaspipelines, ist vor allem aber im Energiehandel aktiv. Mit tollen und vielversprechenden Geschichten und zunächst kreativer, am Ende betrügerischer Buchhaltung zaubert die Konzernleitung aus Schulden Phantomgewinne. Es mag aus heutiger Sicht grotesk wirken, aber um die Jahrtausendwende ist Enron für ein paar Jahre sogar der Superstar der Börse, seine Chefs, erst Kenneth Lay, dann Jeffrey Skilling, werden gefeierte Vorbilder.

Bis alles fast über Nacht in einer riesigen Pleite endet – und die Chefs hinter Gittern landen. Lay stirbt in Haft, während das Gericht über die Dauer seiner Strafe berät. Sein Nachfolger Skilling muss 14 Jahre absitzen, dazu kommt eine Geldstrafe in Höhe von 45 Millionen Dollar.

Wichtiger aber als der Einzelfall sind die Konsequenzen dieser Entwicklung für den Unternehmenssektor insgesamt. Der Verschuldungsgrad der Unternehmen verdoppelt sich von Ende der 1980er-Jahre bis zum Vorabend der Finanzkrise 2005 gemessen an der Kennziffer *debt to equity ratio* für die 500 Unternehmen des Börsenindex S&P.

Auf globaler Ebene wird die märchenhafte *Goldilocks Economy* Ende der 1990er-Jahre von der Wirklichkeit eingeholt, als die Asienkrise das Weltfinanzsystem durchschüttelt. Auslöser ist im Frühjahr 1997 die Freigabe des Wechselkurses der thailändischen Währung, die bis dahin an den amerikanischen Dollar gekoppelt ist. Die Maßnahme löst eine massive Kapitalflucht aus, die schnell auch auf andere asiatische Länder übergreift und zu Abwertungen etlicher Währungen von bis zu 80 Prozent führt. Als sich dann auch noch Brasilien und Russland anstecken, macht sich in Europa und Amerika Nervosität breit – und zwingt das erwähnte Rettungskommando zum Noteinsatz.

Bis heute diskutieren Experten, was die wirklichen Ursachen der Asienkrise und ihrer Ausläufer gewesen sind. Eine Fraktion glaubt, dass in erster Linie Fehler der Wirtschaftspolitik in den betreffenden Ländern der Auslöser gewesen sind, also Korruption, fehlende Bankenaufsicht und staatliche Eingriffe in den Markt. Eine andere Auffassung lautet, die unkontrollierten spekulativen Geldströme des internationalen Finanzsystems seien zunehmend in die asiatischen Länder geflossen und hätten damit eine gewaltige Blase geschaffen. Als die Gelder in Panik wieder abgezogen worden sind, sei die Blase geplatzt.

Wir meinen, was auch immer die betroffenen Länder richtig oder falsch gemacht haben, sie sind jahrzehntelang gewachsen. Vielleicht hätten hausgemachte Fehler früher oder später eine Anpassung ausgelöst, aber Umfang und Brutalität dieser Krise wären ohne die Welle der vagabundierenden globalen Dollar nicht vorstellbar. Die Asienkrise wird damit zum Vorboten der großen Finanzkrise ein Jahrzehnt später.

Man kann also festhalten:

- Die Asienkrise ist der letzte große Warnschuss, dass die alchemistische Melange aus vermeintlich freien internationalen Kapitalmärkten, aus den vom akkumulierten Leistungsbilanzdefizit der USA gespeisten Geld- und Schuldenbergen sowie aus massiven staatlichen Rettungsaktionen anfängt, selbstzerstörerisch zu wirken.

- Die bis heute einseitige Fokussierung der Zentralbanken auf den Konsumentenpreisindex als Inflationsmaßstab muss hinterfragt werden. Es kann nicht richtig sein, dass die Währungshüter sich für Sachwerteinflation nicht zuständig fühlen – ganz so, wie sich in den USA Fed-Chef Arthur Burns Ende der 1970er-Jahre nicht für die Lohn-Preis-Spirale zuständig gefühlt hat –, dann aber bei stark fallenden Immobilien- und Aktienmärkten plötzlich eingreifen. Zumal jeder Wirtschafts- und Finanzkrise eine zum Teil galoppierende Inflation bei den Sachwerten vorausgegangen ist, ob in Japan 1989, Asien 1998 oder auch beim Crash 2008.

- Schließlich kann gar nicht oft genug betont werden: Große Ungleichgewichte in der Leistungsbilanz, zumindest wenn sie langfristig und nachhaltig sind, waren und bleiben eine der zentralen Ursachen von Finanzkrisen. Das gilt auch für die Krise von 2008 und die drei Jahre später ausgebrochene Eurokrise.

Vor diesem Hintergrund lohnt ein Blick auf China. Das größte Land Asiens hat sich damals durch Kapitalverkehrskontrollen und einen festen Wechselkurs vom internationalen Finanzsystem abgeschottet. Es bleibt von der Asienkrise relativ unberührt, was darauf hindeutet, dass der globale Finanzmarkt nicht ganz unschuldig an der Asienkrise gewesen ist. Man kann schwerlich behaupten, die Abschottung habe der wirtschaftlichen Aufholjagd des Landes geschadet. In den 1990er-Jahren ist China kontinuierlich und stark gewachsen. Und nach der Jahrtausendwende setzt das Reich der Mitte zum Sprung in die Champions League an und mischt die Machtverhältnisse in der Weltwirtschaft auf.

Als es ganz
dunkel wurde

1. ZWEI INNOVATIONEN ...

Wirtschaftsexperten, auch die im Finanzgewerbe, kennt man als kühl kalkulierende, im Zweifel eher skeptische Köpfe. Sie sind alles andere als aufgeregte Bauchmenschen, die einfach mal so Zigmillionen investieren und dabei auf Paragraf drei des *Kölschen Jrundjesetzes* bauen: »Et hätt noch immer jot jejange«, auf Hochdeutsch: Es ist noch immer gut gegangen. Natürlich sehen manche Experten in den späten 1990er-Jahren die drohenden Risse im Gefüge des globalen Finanzsystems. Allerdings glauben sie, auch die erforderlichen Problemlöser zu besitzen, um damit die Risiken im Griff zu behalten – brillante Finanzmathematiker, leistungsfähige Computer, ausgeklügelte Risikomanagementsysteme und natürlich globale und liquide Wertpapiermärkte.

Vor allem aber sind sich die Akteure an den Finanzmärkten sicher, dass sie mit den Finanzderivaten machtvolle neue Instrumente zur Verfügung haben, um Risiken nahezu beliebig aufzuspalten, in neue Wertpapiere zu verpacken, um sie dann neu zu verteilen. Damit, so die feste Überzeugung bei den meisten Theoretikern und Praktikern des Gewerbes, kann man Risiken, wenn schon nicht ganz verschwinden lassen, so doch auf der ganzen Welt breit streuen und auf diese Weise gewissermaßen minimieren.

Derivate sind allerdings nicht wirklich eine Erfindung der Neuzeit, ganz im Gegenteil. Die vielleicht erste Anwendung findet sich in der Antike beim griechischen Philosophen und Mathematiker Thales von Milet. Der hat rund 600 vor Christus mitten im Winter eine Wetterprognose angestellt und ist zu dem Ergebnis gekommen, dass für den nächsten Sommer wohl eine längere Hitzeperiode anstehen würde. Nun muss man wissen, dass Hitze ideal für das Wachsen und Gedeihen von Oliven ist. Also mietet Thales noch im Winter billig Olivenpressen in seiner Region für den nächsten Sommer, so viele, wie er kriegen kann. Als dann tatsächlich der heiße Sommer kommt und die Olivenbauern mehr Pressen als üblich brauchen, kann er seine Maschinen teuer verpachten und macht auf diese Weise ein kleines Vermögen. Angeblich geht es Thales dabei gar nicht ums Geld. Er will lediglich beweisen, dass es für gute Denker leichter ist, reich zu werden.

Bereits etwas systematischer nutzen amerikanische Farmer im 19. Jahrhundert Derivate. Sie vereinbaren durch Termingeschäfte mit ihren Kunden schon im Winter, welchen Preis sie von den Mühlen für eine bestimmte Menge Weizen nach der Ernte im Sommer bekommen würden. Auf diese Weise können sie die Erlöse aus der erwarteten Ernte vor Preisschwankungen absichern. Produzenten aus anderen Märkten wie Öl oder Metalle gebrauchen das Instrument bald ebenfalls. Es bleiben allerdings Nischenmärkte.

Erst Ende der 1970er-Jahre kommen Derivate auf Finanzprodukte. Damit Sie nachvollziehen können, welche Rolle

Finanzderivate in späteren Jahren spielen, seien an dieser Stelle die drei wesentlichen Grundformen kurz erklärt:

- Futures sind standardisierte börsengehandelte Terminkontrakte auf Rohstoffe, Anleihen, Zinsen, Aktienindizes oder andere Wertpapiere. Zwei Vertragsparteien verpflichten sich, dass der eine beispielsweise 100 Barrel Öl zu einem bestimmten Zeitpunkt in der Zukunft zu einem zwischen beiden Seiten heute bereits festgelegten Kurs von 50 Dollar verkauft und der andere kauft. Der Future gibt beiden Seiten also Gewissheit: dem einen, dass er in ein paar Monaten für sein Öl 5.000 Dollar bekommt, auch wenn der Preis fallen sollte; dem anderen, dass er dann für 5.000 Dollar auch 100 Barrel bekommt, selbst wenn der Kurs in Zukunft steigen sollte.
- Swaps sind allgemein ein Austausch von künftigen Zahlungsströmen, also Cashflows. Auch hier ein Beispiel: Herr Balzer hat für den Kauf einer Wohnung 100.000 Euro Kredit aufgenommen, Laufzeit fünf Jahre, mit variablem Zinssatz. Er macht sich allerdings Sorgen, dass die Zinsen bald ansteigen könnten, und damit auch seine Kreditkosten. Er trifft Herrn Fischer, der bereit ist, ihm gegen einen kleinen Aufschlag auf den aktuell günstigen (variablen) Marktzinssatz das Risiko steigender Zinsen abzunehmen, und garantiert für fünf Jahre stabile Konditionen. Dann zahlt Balzer an Fischer also fünf Jahre feste Raten, Fischer bedient

den ursprünglichen Kredit mit den variablen Raten. Was hat Fischer davon? Er glaubt, dass die Zinsen noch eine ganze Weile nicht steigen werden und verdient ein paar Jahre eine kleine Marge. Und der risikoscheue Balzer zahlt zwar eine kleine Prämie, hat jetzt aber Planungssicherheit, weil der Kredit für ihn nicht mehr teurer werden kann. Ähnlich den Futures gibt es auch unterschiedliche Swaps, für Zinsen oder Währungen beispielsweise. Zuletzt sind auch Swaps auf Kreditrisiken dazugekommen, im Fachjargon Credit Default Swaps, kurz CDS. Hierbei schließen zwei Parteien einen Vertrag, der sich auf einen Schuldner bezieht, zum Beispiel ein Unternehmen oder einen Staat. Der eine Vertragspartner zahlt dem anderen eine Prämie; geht der Schuldner pleite, muss die Gegenseite ihm dafür eine Ausfallzahlung überweisen.

- Optionen sind im Kapitel über Hedgefonds und Private-Equity-Firmen bereits vorgestellt worden. Der Kerngedanke: Sie geben ihrem Inhaber das Recht, ein Wertpapier zu einem zukünftigen Zeitpunkt zu kaufen (Call-Option) oder zu verkaufen (Put-Option). Wichtig ist dabei: Der Optionsinhaber kann kaufen beziehungsweise verkaufen, er muss aber nicht. Er hat also die Option. Sein Vertragspartner, der sogenannte Stillhalter, muss dagegen abwarten, kassiert dafür aber eine Prämie. Die Berechnung von Optionspreisen und -prämien ist nicht ganz trivial, die beiden Wirtschaftswissenschaftler Fischer Black und Myron Scholes ha-

ben für die Herleitung ihrer finanzmathemischen Formel immerhin den Nobelpreis bekommen und mit
dieser Formel die massive Expansion der Derivate erst
ermöglicht.

Die Entstehung und Ausbreitung des Finanzmarktes mit
seiner Wertpapierwirtschaft in den 1980er-Jahren sind für
Finanzderivate ein idealer Nährboden. Jetzt, wo weltweit
und rund um die Uhr neue Schulden finanziert und alte
Schulden refinanziert werden müssen, wo Vermögenspositionen abgesichert oder Investitionen wirkungsvoller zum
Einsatz gebracht werden sollen, sprich gehebelt werden, jetzt
kommen Derivate massenhaft zum Einsatz. Mehr noch: Futures, Swaps und Optionen erweisen sich im neuen Finanzmarkt-Kapitalismus als so etwas wie die neuen Basiszutaten,
aus denen gewiefte Finanzingenieure ganz neue Kreationen
tüfteln. Sie vermischen Futures mit Swaps und Optionen, packen sie mit Anleihen, Aktien oder Zertifikaten zusammen,
ermitteln Preisbildungsmechanismen und schaffen so die
Voraussetzung für einen eigenständigen Handel mit den
neuen Finanzprodukten.

Die Komplexität der neuen Generationen von Finanzderivaten ist nicht nur für Laien schwer durchschaubar.
Zum Trost: Wirtschaftsjournalisten und selbst vielen Bankern geht es nicht anders. Die Treiber dieser neuen Produkte haben es da leichter, nicht nur, weil sie die nötige
Finanzmathematik beherrschen. Sie verfügen über die beste
Computertechnik, die auf dem Markt verfügbar ist. Und sie

nutzen – ebenfalls computerunterstützte – Risikomanagementmodelle, gefüttert mit allen verfügbaren Preisen und Kursen vergangener Jahrzehnte.

In dieser hoch technisierten Finanzwelt entfalten die hybriden Finanzderivate ihr ganzes Potenzial. Der Derivatemarkt boomt mit jährlichen Steigerungsraten von 50 Prozent und mehr. Anfang der 1980er-Jahre ist das Volumen des Derivategeschäfts noch kaum wahrnehmbar, knapp über der Nulllinie. Zehn Jahre später addieren sich die Volumen börsengehandelter und nicht börsengehandelter (sogenannte Over-the-Counter) Derivategeschäfte weltweit bereits auf zehn Billionen Dollar, Tendenz stark steigend. Die Einsatzmöglichkeiten scheinen grenzenlos: Unternehmen können dank der Finanzderivate Zins- oder Wechselkursdifferenzen zwischen unterschiedlichen Märkten leichter ausschöpfen und sich günstiger Kapital beschaffen. Vermögensverwalter sind in der Lage, das Risikoprofil ihrer Portfolios mühelos zu variieren, ohne die tatsächliche Portfolio-Zusammensetzung zu verändern. Für Finanzchefs von Industrieunternehmen ist es jetzt deutlich einfacher und sehr viel effektiver, ihre langfristigen Investitionsprojekte gegen Zins- und Währungsrisiken abzusichern. Und Finanzinvestoren bekommen jetzt noch bessere Möglichkeiten für Arbitragegeschäfte oder Spekulationen.

Investmentbanker und Finanzmathematiker heizen mit immer neueren Derivateprodukten das Geschäft weiter an. In den späten 1990er-Jahren explodiert der weltweite Markt regelrecht. Von einem Derivatevolumen von knapp über

70 Billionen Dollar Anfang 1998 auf mehr als 500 Billionen Dollar kurz vor Ausbruch der Finanzkrise. Doch selbst die Krise kann die Schubkraft der Derivate nur kurz bremsen. Für 2014 ermittelt die Bank für Internationalen Zahlungsausgleich, so etwas wie die höchste Instanz im globalen Finanzwesen, ein Volumen von rund 700 Billionen Dollar. Nur zum Vergleich: Das weltweite Bruttoinlandsprodukt, also der Gesamtwert aller hergestellten Waren und Dienstleistungen, liegt in dem betreffenden Jahr bei rund 74 Billionen Dollar – fast das Zehnfache an Derivatevolumen schwirrt also um die Welt. Inzwischen ist es zwar gesunken, mit knapp 500 Billionen Dollar aber immer noch auf hohem Niveau.

Dieser Boom im Derivategeschäft ist sicher eine Übertreibung. Das ändert freilich nichts daran, dass die ursprüngliche Begründung für diese Produkte ausgesprochen logisch und vernünftig ist. Sie ermöglichen es, Finanzrisiken in Einzelteile zu zerlegen und die einzelnen Risikokomponenten dorthin zu verteilen, wo Marktteilnehmer Verwendung dafür haben. Auf diese Weise ist es möglich – theoretisch jedenfalls –, das Gesamtrisiko zu verringern. Nur so lässt sich erklären, warum seinerzeit viele Vordenker im Geldgewerbe davon überzeugt sind, dass das Finanzsystem durch die Derivatevielfalt zwar komplexer, am Ende aber weniger störanfällig ist.

Leider ist in der Praxis das Gegenteil passiert. Spätestens kurz nach der Jahrtausendwende steigert sich die Komplexität in diesem Geschäft derart, dass offenbar keiner mehr den Überblick hat. Komplizierte Mischformen aus allen möglichen Derivaten werden mit anderen Wertpapieren kombiniert, das Endprodukt dann in ein von spezialisierten Juristen kunstvoll konstruiertes Vertragswerk gegossen, dass nicht selten Hunderte von Seiten umfasst. Diese Vertragsdokumentationen sind nicht nur ökonomisch, sondern auch juristisch schwer zu begreifen. Es darf getrost bezweifelt werden, dass etliche Vertragspartner, darunter Großbanken, gern auch deutsche Landesbanken und die Stadtkämmerer von vielen Kommunen, wirklich verstanden haben, welche Geschäfte sie da bisweilen eingegangen sind – wenn sie die entsprechenden Verträge und Dokumentationen überhaupt gelesen haben.

Dass der Derivate-Boom unser Finanzsystem nicht stabiler, sondern im Gegenteil labiler gemacht hat, liegt freilich auch daran, dass die Verteilung der Risiken nicht nach dem Drehbuch läuft, wie es die Anhänger eines perfekt funktionierenden Marktes vorgegeben haben. Tatsächlich werden die Wertpapiere nämlich bei Weitem nicht so breit gestreut, dass die darin verpackten Risiken letztlich so gut wie verschwunden sind. Stattdessen schieben Banken, Hedgefonds und Emittenten (Unternehmen oder auch staatliche Körperschaften, die Wertpapiere ausgegeben haben) die Papiere in immer größerem Stil untereinander hin und her und bauen dadurch ein Systemrisiko im Finanzsektor auf.

Natürlich gibt es auch Skepsis gegenüber der neuen, fabelhaften Finanzwelt. Zweifel an der Beherrschbarkeit des hypertechnisierten und globalen Finanzsystems werden aber schnell ausgeräumt. Und das liegt an der zweiten vermeintlich großen Innovation der Finanzindustrie, dem modernen algorithmus- und datenbasierten Risikomanagementsystem.

Die milliardenschwere Aufrüstung in den Backoffices der Banken hat den Glauben an die Beherrschbarkeit des neuen Finanzmarkt-Kapitalismus gestärkt, mehr noch: Aus dem Glauben wird so etwas wie Gewissheit, man könne mit dem verfügbaren Wissen und den vorhandenen Ressourcen seine Risiken so exakt steuern wie ein Schweizer Uhrwerk den Sekundenzeiger. Diese Überzeugung gipfelt in einer Kennziffer, dem *Value at Risk*, kurz VaR. Mit dieser Kennziffer, so die Theorie, könne man den maximalen Verlust eines Wertpapierportfolios oder einer ganzen Bank in einem beliebigen Zeitraum – einem Tag oder mehreren Monaten – mit einer Wahrscheinlichkeit von 99 Prozent auf den Dollar oder Euro genau ermitteln. Die Basis bilden ein finanzmathematisches Modell und leistungsfähige Computersysteme, die mit endlosen Zeitreihen von Marktdaten gefüttert worden sind: Wechselkursen, Zinsen, Rohstoffpreisen, Aktien- und Anleihekursen. Und natürlich werden dabei auch alle Zusammenhänge und Wechselwirkungen zwischen unterschiedlichen Preisen, Märkten und Produkten ermittelt.

Eine der zentralen Annahmen der VaR-Modelle ist, dass sich das Gesamtrisiko eines Wertpapierportfolios oder einer Bankbilanz nicht einfach aus der Summe der Einzelrisiken zusammensetzt. Stellen Sie sich vor, Sie hätten eine lang laufende Festzinsanleihe und eine Ölposition in Ihrem Depot. Fällt der Ölpreis, so folgt daraus, dass auch die Inflationsrate sinkt. Das wiederum führt dazu, dass der Kurs der Festzinsanleihe steigt. Mit anderen Worten: Die Risiken der beiden Vermögenspositionen sind potenziell negativ korreliert. Sinkt der Wert der einen Position, steigt der Wert der anderen.

Aus den gewaltigen Datenmengen, die sämtliche Preis- und Kursbewegungen seit Jahrzehnten bis in jedes verfügbare Detail erfasst haben, werden nun nach neuesten statistischen Methoden Schwankungs- und Korrelationsanalysen erstellt. So kann man herausfinden, ob Verlustrisiken einzelner Anlageklassen sich aufaddieren oder womöglich ausgleichen, das Gesamtrisiko also kleiner ausfällt als die isolierte Summe der Einzelrisiken.

Immer weiter fortentwickelt und verfeinert wird das Modell des *Value at Risk*, ergänzt um Simulationsmodelle und Algorithmen, die frühe Formen künstlicher Intelligenz enthalten, bei der Risikoeinschätzung also dazulernen. So kompliziert das Verfahren auf viele wirken mag, die beruflich nichts mit dem Geldgewerbe zu tun haben, so groß ist seine Anziehungskraft innerhalb des Finanzsektors, und das aus gutem Grund:

- Mithilfe des VaR-Verfahrens ist es jetzt möglich, das Risiko eines großen, komplexen Portfolios schnell und übersichtlich in wenigen Kennzahlen abzubilden. Dabei verarbeiten die Computersysteme einer großen, weltweit operierenden Bank pro Tag leicht 20 000 Wertpapiertransaktionen mit einem Volumen von 50 Milliarden Dollar und mehr. Der Vorstandsvorsitzende der Bank bekommt jeden Abend ein Blatt Papier, das die Risiken seines Instituts auflistet: nach Risikokategorien, Geschäften und Handelsplätzen aufgeteilt, aber auch konsolidiert und in einer Zahl zusammengefasst.

• Aufgrund der massenhaft verwendeten Daten, der finanzmathematischen Grundlagen und des Einsatzes der Computer scheint es für die neuen, sich mit großer Geschwindigkeit ausbreitenden Wertpapiergeschäfte endlich so etwas wie Objektivität bei der Risikoanalyse zu geben.

Natürlich funktioniert in der Praxis nicht alles reibungslos. Die amerikanische Zentralbank muss der Bank of New York einmal über Nacht 24 Milliarden Dollar Kredit gewähren, weil das Institut völlig überraschend in eine Schieflage geraten ist. Verantwortlich dafür ist aber kein zockender Händler, sondern ein falsch programmierter Computer. Doch das halten die Banker für Kinderkrankheiten, Anlaufprobleme halt.

Und selbstverständlich zieht die Finanzbranche Konsequenzen aus solchen Unfällen. Sie erweitert das interne Berichtswesen, verfeinert Risikomodelle und Algorithmen, investiert in noch leistungsfähigere Rechner. Milliarden fließen, um aus den gesammelten Marktdaten noch präzisere Aussa-

gen zu gewinnen und Prognosen zu erstellen. Die Finanzbranche praktiziert Big Data, die Verknüpfung und Auswer-
tung massenhaft gesammelter Daten, bereits in den 1990er-
Jahren, lange bevor der Begriff in der digitalen Wirtschaft
zum Managementtrend erhoben wird.

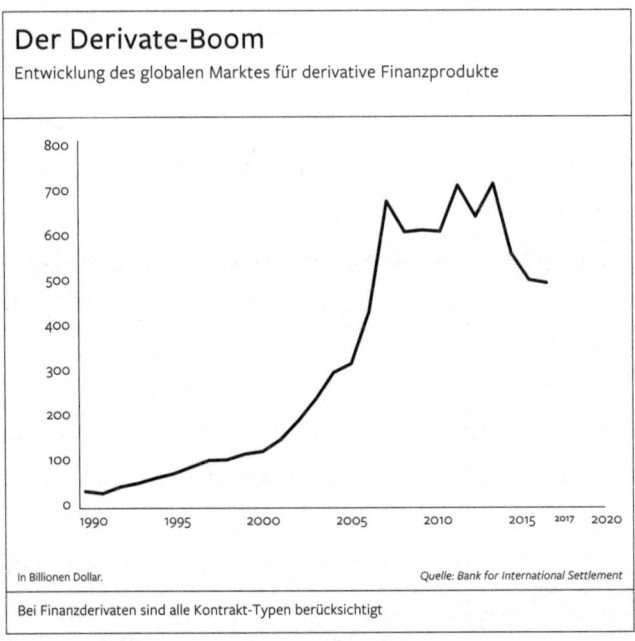

Der Derivate-Boom
Entwicklung des globalen Marktes für derivative Finanzprodukte

In Billionen Dollar.   Quelle: Bank for International Settlement

Bei Finanzderivaten sind alle Kontrakt-Typen berücksichtigt

Den vermeintlichen Beweis für die Überlegenheit der neuen
programmgesteuerten Finanzwelt liefern Wirtschaftsprüfer.
Arthur Andersen, in den 1990er-Jahren so etwas wie der Bran-
chenprimus, der dann Anfang der 2000er nach dem En-
ron-Skandal zwangsweise schließen muss, rechnet aus, dass
sich die Verluste aufgrund der Zahlungsunfähigkeit eines
Vertragspartners bei Swap-Geschäften 1993 weltweit auf rund

360 Millionen Dollar addiert haben – weniger als 0,2 Promille des gesamten Geschäftsvolumens. Nur zum Vergleich: Allein die fünf größten Banken Deutschlands müssen im selben Jahr im Kreditgeschäft, dessen Risiken mit traditionellen Instrumenten gesteuert werden, Wertberichtigungen in Höhe von zehn Milliarden Dollar vornehmen.

Kein Wunder, dass sich die gesamte Finanzwirtschaft auf die Überlegenheit und vermeintliche Sicherheit des neuen computergestützten Steuerungssystems verlässt. Eine Fehleinschätzung, wie man heute weiß.

Das ultimative Beispiel für dieses Versagen liefert ein bestimmtes Segment des amerikanischen Immobilienmarktes, das bereits erwähnte *Subprime*-Geschäft, bei dem Kunden ohne Eigenkapital und halbwegs regelmäßiges Gehalt Darlehen für den Kauf einer Immobilie bekommen. Dabei soll nicht verschwiegen werden, dass *Subprime*-Hypothekenkredite keine Erfindung von Bankern sind, eher schon von Politikern, die geradezu beseelt sind von der Mission, jeder Amerikaner solle in seinem eigenen Haus wohnen können. Das mag gesellschaftspolitisch wünschenswert sein, ob es realistisch ist, steht auf einem anderen Blatt. Doch viele Jahre läuft alles reibungslos: Banken vergeben Hypothekenkredite fast schon an jeden, der einen haben will. Die Menschen kaufen damit Häuser und Wohnungen, selbst wenn sie sich die Immobilien nach traditionellen Kriterien eigentlich gar nicht leisten können und keine Kreditwürdigkeit besitzen.

Die spannende Frage ist natürlich, wie man aus solchen eher risikoträchtigen Krediten Wertpapiere mit der höchsten Bonität, der Note AAA, erzeugen kann. Genau das ist die finanzmathematische Alchemie. Die Kredite werden aus den ganzen USA gebündelt, dann optimiert der Computer gefüttert mit den US-Hauspreisen und Immobilienkrediten aus Jahrzehnten ein »optimal« diversifiziertes Portfolio. Das wird zu einem Wertpapier verpackt. Anschließend errechnet der Computer den maximalen historischen Verlust eines solchen Portfolios mitsamt einem simulierten Risikoaufschlages. Dieser Betrag, also das vermeintliche Verlustrisiko, wird aus dem Wertpapier herausgeschnitten, das dann oft noch durch Beimischung anderer Kredite mit hoher Bonität zusätzlich »aufgewertet« wird und auf einmal die höchste Bonitätsstufe bekommt. Jetzt wird es an eine Bank in Deutschland verkauft, die sich für die relativ hohe Marge interessiert. Der Risikocomputer dieser Bank wiederum simuliert das Ausfallrisiko auf Basis seiner jahrzehntelangen Datenreihe über Kreditausfälle von Anleihen mit höchster Bonität und kommt zu dem für die kaufenden Banker erfreulichen Ergebnis: Faktisch kein Risiko. Fertig ist die schöne neue Märchenwelt.

Schon Jahre vor der Krise beklagen viele intelligente Beobachter Zockerei und Casinokapitalismus im globalen Finanzsystem. Eine verständliche Diagnose, aber aus mindestens zwei Gründen ist sie nicht ganz richtig. Gewiss, in diesen Jahren spekulieren viele Institute, aber das ist nicht das wirkliche Problem. Die meisten Banker sind felsenfest davon überzeugt, dass sie eben nicht zocken. Sie kaufen gezielt Wertpapiere mit der besten Bonitätsnote, lesen am

Abend ihre Risikoberichte und glauben zutiefst daran, dass der *Value at Risk*, der maximale Verlust im Fall einer Krise, tatsächlich so überschaubar ausfällt, wie der Computer das Tag für Tag neu prognostiziert. Sie glauben daran, dass die Kombination aus herausragenden finanzmathematischen Algorithmen und hoch entwickelter Computertechnologie die Begrenzungen alter ökonomischer Gesetzmäßigkeiten überwunden hat.

Und so ist es wohl weniger Zockerei als vielmehr Hybris und blindes Vertrauen in Algorithmen, die in die Krise führen. Ein Finanzsystem ohne persönliche Verantwortlichkeiten ist entstanden. Denn jetzt entscheiden nicht mehr Menschen, ob ein Geschäft zu riskant ist oder nicht, sondern Computer. Zu dieser Hybris gehört auch, dass pikanterweise gleichzeitig die Gehälter der Banker deutlich steigen, wiewohl sie doch die Verantwortung schon lange an die Computer abgetreten haben.

2. ... UND EIN TODESFALL

Und dann passiert es doch: Die ganz große Krise ist plötzlich da. Sie vollzieht sich nicht an einem oder ein paar wenigen Tagen, sondern erstreckt sich über lange, quälende Monate, über mehr als ein Jahr. Anfang August 2007 steigen die Zinsen für Kredite, die Banken sich untereinander gewähren, sprunghaft an – ein Indiz dafür, dass die Institute einander nicht mehr vertrauen, ja sogar Kreditausfälle befürchten. Dann platzt die Immobilienblase in den USA.

Am 15. September 2008 erreicht die Krise ihren Höhepunkt. Die traditionsreiche Investmentbank Lehman Brothers, 1850 von drei Brüdern aus Unterfranken gegründet, muss Insolvenz anmelden. Die Nachricht löst eine Schockwelle aus, die rund um den Globus rast. In den vorhergehenden Dekaden ist in solchen Fällen immer die »Too big to fail«-Regel zum Einsatz gekommen, die Institute sind stets gerettet worden, um das gesamte System zu retten. Jetzt aber lassen Notenbank und US-Administration das Geldhaus kurzerhand pleitegehen.

Die Börsen von New York bis Tokio sind schon seit Monaten auf Talfahrt, jetzt aber stürzen sie ab. Der deutsche Aktienindex DAX, der mit mehr als 8000 Punkten ins Jahr 2008 gestartet ist, halbiert sich bis Mitte Oktober. Ganz ähnlich der Dow Jones, das Kursbarometer für amerikanische Aktien. Im Oktober 2007 noch hat er einen neuen Rekordstand von mehr als 14100 Punkten erreicht, ein Jahr später sind es weniger als 10000 Punkte. Das Elend an der Börse erreicht im März 2009 seinen Tiefpunkt: 6500 Punkte. Eine gigantische Welle der Vermögensvernichtung rast um den Globus.

Kurz nach der Lehman-Pleite habe ich in New York ein Abendessen mit dem Chef einer großen internationalen Bank. Er schildert mir die Lage aus seiner Sicht und sagt, dass wir nur Millimeter vom Abgrund entfernt stehen. »Definiere mir Abgrund«, bitte ich ihn. »Das gesamte Finanzsystem ist faktisch zusammengebrochen und wird nur noch durch den Staat zusammengehalten. Wenn jetzt Politik oder Zentralbanken einen Fehler machen, finden wir uns ökonomisch in der Steinzeit wieder«, lautet sein mit ruhigen Worten vorgetragener dramatischer Befund. Und fügt hinzu, dass ab jetzt alle gerettet werden müssen, es darf um keinen Preis einen Fall Lehman II geben. »Das ist das Ende des Marktes und unserer Glaubwürdigkeit als Branche«, gebe ich zu bedenken. »Ja«, antwortet er mit düsterem Unterton, »aber die Alternative wäre der komplette Zusammenbruch des Wirtschaftssystems, dagegen würde 1929 wie ein gemütlicher Spaziergang erscheinen.«

In der Tat, auf dem Höhepunkt der Krise, direkt nach der Pleite von Lehman Brothers, steht das ganze Bankensystem auf der Kippe. Die Lage ist so ernst, dass sich die deutsche Bundeskanzlerin Angela Merkel und ihr damaliger Finanzminister Peer Steinbrück gezwungen sehen, sich vor die Fernsehkameras zu stellen und den Sparern die Sicherheit ihrer Spareinlagen quasi staatlich zu garantieren. Ein Versprechen, das so weder materiell noch juristisch haltbar gewesen wäre. Doch zu diesem Zeitpunkt geht es schon lang nicht mehr um Formalien, es geht um Psychologie und die Notwendigkeit, eine Panik zu verhindern.

Sir Isaac Newton und die Südsee

Spekulationsblasen, sogenannte Bubbles, hat es in der Menschheitsgeschichte immer wieder gegeben. Sie reichen von der Preisexplosion bei Tulpenzwiebeln im 17.Jahrhundert über den historischen Klassiker Immobilien bis zu den Aktien des Neuen Marktes in jüngerer Vergangenheit. Doch was kennzeichnet eigentlich eine Blase? Zunächst einmal, dass man sie erst beim Platzen wirklich erkennt. Das ist natürlich bedauerlich spät, zu spät genau genommen. Doch es gibt drei Warnsignale:

1. Alle sagen, aus diesem und jenem Grund sei diesmal alles anders.
2. Es herrscht eine weitverbreitete Stimmung des schnellen Geldverdienens.
3. Irgendwie scheint jeder um einen herum – außer natürlich man selbst – mit seinen Investments viel Geld zu verdienen.

Wenn alle drei Faktoren zutreffen, ist Vorsicht geboten. Doch selbst der klügste Kopf ist gegen das Fieber der Gier nicht immun. Zum Beispiel Sir Isaac Newton, der geniale Physiker, Mathematiker und Naturwissenschaftler.

Anfang des 18. Jahrhunderts muss die englische Regierung ihre Schulden aus dem Spanischen Erbfolgekrieg loswerden. Es entsteht die »kreative« Idee, im Gegenzug für die Übernahme der staatlichen Schuldenlast das Handelsmonopol für Südamerika, damals Südsee genannt, an die dafür gegründete South Sea Company abzutreten. Schnell verbreitet sich das Gerücht, die neue Gesellschaft stehe vor riesigen Gewinnen, weil sie Webstoffe günstig gegen Gold und Juwelen tauschen könne. Die Aktien der Company steigen von 130 Pfund im Januar 1720 auf über 350 Pfund im April. Newton hat mit einer ansehnlichen Menge Geld Aktien im Februar bei 175 gekauft und steigt im April bei rund 350 wieder aus. Er hat seinen Einsatz damit schnell verdoppelt.

Die Manager der Company verbreiten in der Zwischenzeit immer lauter die tolle »Equity Story« eines riesigen Gewinnpotenzials in Südamerika, obwohl sie wissen, dass die Ertragsmöglichkeiten in Wirklichkeit nur gering sind. So kommen sie unweigerlich auch auf die nächste »kreative« und uns auch heute sehr bekannte Idee, nämlich die Dividende aus dem Verkauf neuer Aktien zu finanzieren, da es tatsächlich ja keine Gewinne gibt. Zusätzlich übernimmt die South Sea Company weitere Schulden der Regierung im Tausch gegen eigene Aktien.

Der Kurs der Aktie steigt munter und scheinbar unaufhaltsam weiter. Newton ist bedrückt, dass er viel zu früh verkauft hat, während alle Freunde um ihn herum mit den Aktien reicher und reicher werden. Das nagt offenbar schwer an ihm, so schwer, dass er im Frühsommer 1720 nicht mehr an sich halten kann. Er investiert sein gesamtes Vermögen in das Unternehmen bei einem Kurs von inzwischen 700 Pfund die Aktie.

Über den Sommer steigt die Aktie zunächst auf über 1.000 Pfund, befeuert auch vom Rückkauf eigener Aktien durch das Unternehmen selbst. Doch – anscheinend wie immer – im Herbst platzt die Blase, und die Aktie stürzt auf ihr altes Niveau von etwas über 100 Pfund. Bei diesem Kurs wird die Gesellschaft wegen ihrer Verbindungen mit der Regierung (systemisches Risiko) schließlich gerettet. Newton jedoch hat fast sein gesamtes Vermögen verloren, nach heutigen Maßstäben rund zehn Millionen Euro. Es heißt, dass bis zu seinem Tod das Wort Südsee in seiner Gegenwart nicht mehr benutzt werden darf. Auf jeden Fall prägt er den legendären Satz: »I can calculate the movement of stars, but not the madness of men.« Diese Geschichte ist wahr, und Ähnlichkeiten mit lebenden Personen und aktuellen Ereignissen sind nicht zufällig, sondern unvermeidlich.

Im Fernsehen spricht ein »Börsenfachmann« davon, dass dieser Crash in seinem Risikomodell ein Ereignis darstelle, das höchstens einmal in 1000 Jahren eintreten könne. Der Unsinn, den dieser »Börsenfachmann« verbreitet, sagt allerdings mehr über fehlende Geschichtskenntnisse kombiniert mit naivem, geradezu blindem Glauben an die Computermodelle vieler sogenannter Finanzprofis aus als über die Krise selbst. Und wie bei allen Krisen gibt es hinterher viele, die es schon immer haben kommen sehen.

Im Rückblick wirkt das Drama fast unausweichlich. Doch der Crash hätte auch zwei Jahre früher oder fünf Jahre später passieren können. Und er hätte auch durch ein völlig anderes Ereignis ausgelöst werden können als durch den Einbruch am amerikanischen Immobilienmarkt.

Es lohnt ein genauerer Blick auf die Anatomie der Krise. Eigentlich beginnt sie bereits Ende 2006 mit der Beinahe-Pleite der Bank Household International, einem der Marktführer im US-Geschäft mit Hypotheken und Konsumentenkrediten. Household International ist eine Tochter der HSBC, der größten Bank Europas. Erst ein paar Jahre vorher hat die HSBC, eine ausgesprochen solide und eher konservativ gemanagte Bank, das Institut für rund 16 Milliarden Dollar gekauft, um stärker im boomenden amerikanischen Immobilienmarkt mitspielen zu können. Deshalb stellen sich nach der Schieflage von Household die Ersten in der Branche die Frage, ob es wirklich noch so gut um den US-Markt bestellt sei, wenn sogar einer Adresse wie HSBC ein solcher Schaden unterlaufen könne.

Anders als eine häufig zitierte Anlegerweisheit besagt, wird an der Börse eben doch zum Aussteigen geklingelt, allerdings nur sehr leise und im Zweifel eine ganze Weile bevor es zum Kollaps kommt. Einige wenige Banken haben es läuten hören und fangen daraufhin an, ihre Positionen an amerikanischen *Subprime*-Papieren zu verringern.

Im sensiblen und nervösen Markt löst das eine Lawine aus, die weitere Opfer fordert. Im Frühjahr 2007 gehen zwei Hedgefonds pleite. Und dann geht es Schlag auf Schlag. Im Sommer 2007 muss die Düsseldorfer Mittelstandsbank IKB gerettet werden, im Februar 2008 die amerikanische Investmentbank Bear Stearns und im September schließlich eskaliert der Fall Lehman. Zum ersten Mal sind die Administration in Washington und die Fed in New York entschlossen, eine große und systemrelevante Bank pleitegehen zu lassen.

Zur Anatomie der Krise gehört natürlich auch die Handhabung und Wirkung der neuen Zauberwaffen der Finanzindustrie, der Derivate. Die Finanzgemeinde ist zutiefst davon überzeugt, dass mit diesen Instrumenten zum ersten Mal in der Wirtschaftsgeschichte Finanzrisiken in ihre Bestandteile zerlegt und die einzelnen Komponenten weltweit dorthin verkauft werden können, wo sie gesucht sind. Damit, so die Theorie, wird das gesamte Risiko im Finanzsystem verringert. Tatsächlich aber passiert das Gegenteil: Die Derivate werden derart komplex, dass sie zu Intransparenz und massiver gegenseitiger Abhängigkeit im Finanzsystem führen.

Was aber ist mit den teuren Computermodellen und Risikomanagementsystemen? Die meisten Banker sind felsenfest von ihnen überzeugt. Sie glauben fest daran, dass die Kombination aus anspruchsvollsten finanzmathematischen Algorithmen und hoch entwickelter Computertechnologie besser vor schlechten Geschäften und verborgenen Risiken schützt als der gesündeste Menschenverstand. Dass dann ausgerechnet vermeintlich »supersichere« Wertpapiere mit Bestnoten bei der Bonität zum Krisenbeschleuniger werden und zu weit höheren Verlusten führen, als die Computer prophezeien, ist fast schon so etwas wie die tragisch-logische Konsequenz.

Und warum haben die Rechner nicht wenigstens rechtzeitig vor der Krise gewarnt? Auch das lässt sich simpel erklären, mit dem ebenso plakativen wie zynischen Spruch: »Garbage In, Garbage Out«; auf gut Deutsch: Wenn man Müll reinsteckt, kommt auch nur Müll raus – eine Erkenntnis übrigens, die so zum ersten Mal in der Computerbranche formuliert worden sein soll. Das passt auch deshalb, weil die Krise von 2008 in gewisser Hinsicht die erste Krise von intelligenten Algorithmen und Metadatenanalysen ist.

Trotz aller Vorbeben dauert es fast eineinhalb Jahre, bis es dann zum Kollaps kommt. Ein Grund dafür mag das tiefe Vertrauen der Finanz- und Investorengemeinde, aber auch der Politiker in das Rettungsdogma der Fed sein. Dieses Vertrauen erklärt auch, warum das Finanzsystem so schockiert ist, als dann Lehman plötzlich fallen gelassen wird.

Und schließlich gehört zur Anatomie der Krise das bereits erwähnte Streichholz. Das liefert die amerikanische Notenbank, sicher ungewollt. Zwischen 2004 und 2006 hebt sie ihren Leitzins zwar in Trippelschritten von 0,25 Prozentpunkten, aber dafür insgesamt 17-mal an. Diese Zinserhöhung von insgesamt 4,25 Prozentpunkten ist der Auslöser der Krise und sagt auch über unsere heutige Situation viel aus. Große Teile der westlichen Welt, und im konkreten Fall der Krise von 2008 insbesondere amerikanische Immobilienbesitzer, sind so hoch verschuldet, dass sie keine weitere Zinserhöhung mehr verkraften können. Leider ist die Gesamtverschuldung seitdem noch weiter gestiegen. Deshalb traut sich heute keine Zentralbank mehr, die Zinsen deutlich aufzustocken. Mit den bekannten Konsequenzen für die Sparer, die statt Habenzinsen nur noch Mitleid verdienen.

Die Lehman-Pleite im Oktober 2008 hat uns über Nacht klargemacht, wie labil und anfällig unser weltweites Finanzsystem tatsächlich ist, kippelig wie eine kunstvoll aufgestellte Reihe von Dominosteinen. Fällt einer, fällt das ganze System. Es ist natürlich leichter, das Scheitern im Nachhinein mit Gier und übertriebenen Boni zu begründen, als zu akzeptieren, dass letztlich das gesamte System vermeintlich freier internationaler Kapitalmärkte gescheitert ist.

Gewiss, zu diesem Scheitern hat die Finanzindustrie kräftig beigetragen. Sie hat jahrelang versprochen, alles sei bestens, sie habe die Risiken dank ihrer ausgefeilten Computermodelle im Griff. Politik und Realwirtschaft haben das nur allzu gerne geglaubt – ein fataler Irrtum.

Genauso müssen aber alle Beteiligten feststellen: Die Krise ist nicht das Ergebnis von zu wenig, sondern von zu viel quantitativem Risikomanagement gewesen. Und dabei sind gleich mehrere Fehler begangen worden:

• Der erste Fehler: Fast alle Akteure haben aus Daten der Vergangenheit Prognosen über zukünftige

Risiken abgeleitet. Dieses Vorgehen ist letztlich vergleichbar mit schnellem Autofahren, bei dem der Fahrer ausschließlich in den Rückspiegel schaut und hofft, dass die Straße vor ihm genauso verläuft wie hinter ihm. Das geht selten lange gut.

• Zweiter Fehler: Solange quantitative Analysesysteme mit massenhaft gesammelten Daten der Marktteilnehmer wie beim Value-at-Risk-Modell nur von einigen wenigen Akteuren verwendet werden und diese daraus Voraussagen für künftige Marktentwicklungen treffen, ist das effektiv, gewinnbringend und dem menschlichen Urteil oft weit überlegen. Machen das aber viele, praktisch alle, und das mit weitgehend identischen Analysemethoden, verändern sie, was sie beobachten. Sie zerstören damit ihre eigene Prognose.

• Drittens: Quantitative Risikomodelle, so ausgeklügelt sie auch sein mögen, führen durch die massive Verbreitung zu identischem, sogenanntem autokorrelierten Verhalten. Sie schaffen damit die Vielfalt von Meinungen in einem Markt ab. Doch im Kern macht genau diese Vielfalt das Wesen des Marktes und die Überlegenheit des Marktmechanismus aus. Der breite Einsatz quantitativer Risikomodelle für Prognosen führt somit letztlich in eine Art digitale Planwirtschaft. Ein Phänomen, das wir heute beim rasanten Wachstum der sogenannten passiven Vermögensverwaltung wieder beobachten können.

- Und schließlich viertens: Die Finanzbranche hat die quantitativen Analysen nicht etwa als zusätzliches Hilfsmittel genutzt, als ein Instrument von mehreren, um Prognosen abzugeben. Sie hat sich auf diese Modelle fokussiert und ihnen blind vertraut. Dadurch ist individuelles Urteil verloren gegangen, qualitative Faktoren von Marktgefühl bis zu gesundem ökonomischen Menschenverstand sind schlicht verdrängt worden.

Krise und Crash haben letztlich also einen Verlust an Verantwortungsbewusstsein im Finanzsektor offengelegt. Die Manager haben ihre Verantwortung an die Technik abgegeben und damit gleichzeitig auch die Kontrolle über das Finanzsystem – mit den bekannten Folgen. Aber im Gegensatz zu Bankern kann man die Computer nicht feuern oder anderweitig zur Verantwortung ziehen.

3. DES KAISERS NEUE KLEIDER

Als ich kurz nach dem Ausbruch der Krise mit hochkarätigen Finanzmanagern an der Wall Street spreche, können die immer noch nicht verstehen, dass die reale Welt sich ganz anders verhalten hat, als die digitale Welt es prognostiziert hatte. »Das ist nach unserem Modell gar nicht möglich gewesen«, sagt mir einer. Ein anderer meint: »Wir haben den Computer mit den kompletten Preisdaten für Immobilien in Amerika der vergangenen Jahrzehnte gefüttert und zig Szenarien simuliert, so etwas ist nie dabei herausgekommen.«

Die Aussagen spiegeln die bittere und reichlich teuer bezahlte Einsicht, dass die wirtschaftliche Zukunft sich eben doch nicht aus Daten der Vergangenheit ausrechnen lässt. Und dass der Finanzmarkt auch nicht naturwissenschaftlichen Gesetzen folgt. Die hochkomplexen Computeralgorithmen mögen Hinweise geben, sehr oft auch wichtige Hinweise. Doch das Wirtschaftsgeschehen, in dem Milliarden von Menschen mit unterschiedlichen Einstellungen, Wünschen, Sorgen und Nöten denken, handeln, kaufen und verkaufen, ist letztlich ein sozialwissenschaftliches Phänomen, keine Quantenphysik.

Uns geht es hier nicht darum, die Finanzkrise in all ihren Facetten und Schicksalen zu beschreiben. Wir wollen vielmehr die grundlegenden Entwicklungen aufzeigen, die zu dieser verhängnisvollen Krise geführt haben, und versuchen, ihre tieferen Ursachen der Krise zu entschlüsseln.

Lassen Sie uns diese Ursachen im Folgenden zusammenfassen:

Da sind zunächst die hartnäckigen, jahrzehntelangen gewaltigen realwirtschaftlichen Ungleichgewichte insbesondere zwischen Asien und den USA. Diese Ungleichgewichte in der Leistungsbilanz türmen sich über die Jahrzehnte zu einer gigantischen Geld- und Schuldenblase auf. Allein 2006, kurz vor Ausbruch der Krise, beträgt das Defizit der amerikanischen Leistungsbilanz fast 800 Milliarden Dollar, das sind mehr als fünf Prozent des Sozialprodukts. Das seit 1980 angehäufte Defizit erreicht inzwischen eine schwindelerregende Höhe, rund zehn Billionen Dollar – etwa die Hälfte des Sozialprodukts eines Jahres. Viele Jahre finanziert die Geldwirtschaft die Ungleichgewichte der Realwirtschaft gern und verdient ein Vermögen dabei. Doch bekanntlich geht der Krug zum Brunnen, bis er bricht. Und 2007/2008 ist es so weit. Die Lektion daraus: Früher oder später führen große und nachhaltige Ungleichgewichte in der Leistungsbilanz zu einer Krise.

Eine Ursachenanalyse darf nicht unterschlagen, dass Politik und Zentralbanken bei der Entstehung der Krise eine wichtige Rolle spielen. Die steigenden Schulden der Staaten und/oder der Privathaushalte überdecken lange Zeit die harten realen Effekte des Verschwindens ganzer Industrien in vielen westlichen Ländern und wecken eine Wohlstandsillusion. Dieser gefühlte Wohlstand ist den Politikern offenbar ganz recht.

Die Zentralbanken versorgen das System gleichzeitig mit immer mehr Liquidität und laden durch die stetig fallenden Zinsen geradezu ein zum Schuldenmachen. Dabei begründen sie ihre laxe Geldpolitik mit den fallenden Inflationsraten. Allerdings sprechen sie dabei nur von der Güterinflation, dem Index der Konsumentenpreise. Die Inflation bei den Sachwerten dagegen vernachlässigen die Währungshüter sträflich. Schlimmer noch: Fallen Aktienkurse oder Immobilienpreise zu stark, halten die Zentralbanken mit noch mehr Liquidität und noch niedrigeren Zinsen dagegen, schieben Börsen und Immobilienmärkte also wieder nach oben.

Und nicht zuletzt ist da die Finanzindustrie mit ihrem vollmundigen Versprechen, alles im Griff zu haben. Jahrzehntelang baut sie ihren Anteil am Bruttosozialprodukt und ihre Gewinne immer weiter aus, während sie die steigenden Schuldenberge finanziert. Dabei mögen viel zu viele, ob in Banken, Fonds oder wo auch immer, zuvörderst an ihre Boni oder Carrymodelle denken (der Carry ist eine lukrative Sonderform der Gewinnbeteiligung bei Private-Equity-Firmen und Hedgefonds). Trotzdem ist es weniger ihre Gier, die zur Krise geführt hat. Viel entscheidender sind die selbstgefällige Ignoranz und die kolossale Überschätzung der eigenen Fähigkeiten, die in die Übertreibungen an den Finanzmärkten münden.

Möglich wird dies allerdings nur durch das scheinbar perfekte Zusammenspiel aller Akteure an den Märkten. Sie alle, ob in Wirtschaft oder Politik, haben tiefes Vertrauen in die amerikanische Zentralbank, vor allem in ihren Greenspan-Put. In mehr als zwei Jahrzehnten hat die Notenbank etliche Male Unfälle am Finanzmarkt und an der Börse geheilt und durch Lockerung der Geldpolitik dafür gesorgt, dass die Börse anschließend noch höher dreht. Dieses Vertrauen in den Kurs der Fed ist gewissermaßen in den Köpfen aller Akteure – Börsianer und Banker, Politiker und Anleger – fest programmiert. Keiner mag und kann sich vorstellen, dass die Zentralbank jemals anders handelt.

Zurechtrücken muss man aber auch die Diagnose zur Eurokrise 2010/2011. Zur gängigen Wirtschaftsfolklore gehört, dass eine Krise gern als Folge der vorhergehenden Krise erklärt wird. So erwecken etliche Politiker den Eindruck, die Eurokrise sei eine Spätfolge der Finanzkrise von 2008. Dieser Erklärungsversuch greift leider viel zu kurz. Letztlich wollen Politiker damit nur von schweren eigenen Fehlern ablenken, die Europas Regierungen bei der Strukturierung der Einheitswährung und in den Jahren nach der Einführung des Euro begangen haben. Interessanterweise ist es nämlich so, dass gerade die späteren Krisenländer der Eurozone noch im Jahr 2008 ob ihrer guten Bankenaufsicht und ihres umsichtigen Finanzsystems gelobt werden. Sie haben nämlich keine riskanten amerikanischen Hypothekenpapiere in den Büchern.

Wir vertreten die Auffassung, dass beide Krisen unabhängig voneinander sind. Um es unmissverständlich zu sagen: Auch ohne die Finanzkrise wäre es zur Eurokrise gekommen. Dabei hätte die Eurokrise durchaus auch Auslöser einer weltweiten Finanzkrise sein können, wie es im Fall des Crashs von 2008 der amerikanische Hypothekenmarkt gewesen ist. Und wenn sich bei der Finanzkrise die internationale Finanzelite blamiert hat, so ist es bei der Eurokrise die politische Elite Europas. In beiden Fällen mussten und müssen die Steuerzahler und mehr noch die Zentralbanken mit ihrer geballten Feuerkraft zur Rettung eilen.

Analog zur Finanzkrise kann man die gleiche Betrachtung anstellen und nach den strukturellen Treibern der Eurokrise fragen:

Schlüsselfaktoren sind die Leistungsbilanzdefizite der Südländer. Bis zur Einführung des Euro können sich Länder wie Spanien und Portugal keine hohen Defizite leisten, weil sie sich dafür fremde Devisen leihen müssen. Der Markt ist aber nur in beschränktem Umfang bereit, Devisen zu geben. Die Einführung des Euro ändert das schlagartig. Nun können die Südländer mehr Waren zum Beispiel aus Deutschland einführen und diese Importe mit neuen Schulden in Euro bezahlen. Im Vertrag zur Europäischen Währungsunion haben die Regierungschefs der anfangs beteiligten elf Länder (mittlerweile sind es 19) zwar bestimmte Grenzwerte vereinbart, die sogenannten Maastricht-Kriterien. Dabei haben sie sich aber auf Staatsdefizite fixiert und das Hauptproblem schlicht übersehen. Spanien etwa weist für die Jahre 2000 bis 2007 ein niedriges Haushaltsdefizit aus, macht also vergleichsweise wenig Staatsschulden. Zeitweise erzielt das Land sogar einen Überschuss. Vor Beginn der Eurokrise aber springt das Defizit in der Leistungsbilanz auf Jahreswerte von bis zu gut neun Prozent des Sozialprodukts. Es ist also nicht der Staat, es sind die privaten Haushalte und die Unternehmen, die sich horrend verschuldet haben. Deshalb ist es auch kein Wunder, dass spanische Banken keine amerikanischen Risiken gekauft haben. Sie sind vollauf damit beschäftigt, die boomende Kreditnachfrage in ihrem eigenen Heimatmarkt zu bedienen.

Den Defiziten der Südländer steht der Leistungsbilanzüberschuss der Deutschen aus dem Handel mit ihren Europartnern gegenüber. Die Eurozone als Ganzes hat also eine einigermaßen ausgeglichene Bilanz. Der Euroraum ist damit ein Abbild der weltwirtschaftlichen Probleme: Langjährige Defizite bei den Südländern führen zu steigenden Schulden, ob im Privat- oder im Staatssektor. Auf der anderen Seite steht das Überschussland Deutschland, dessen Finanzsystem mit der hohen Liquidität die Defizite finanziert. Vor diesem Hintergrund stellt sich die Frage, warum sich selbst in der Finanzkrise alle Europäer mit dem Euro zunächst weiter sicher fühlen? Die Antwort mag erstaunen: Weil die Europäer ihre eigenen Regeln nicht ernst nehmen.

Kaum ist der Euro eingeführt, wird er als die Zukunft der Alten Welt gepriesen. Gleichzeitig brechen etliche Staaten aber ständig die Maastricht-Kriterien, zuerst übrigens Deutschland. Das Schlimmste am Bruch der Regeln ist, dass diese Verstöße ohne Konsequenzen bleiben. Zudem setzt sich schnell die Meinung durch, dass Kredite an Staaten und Banken in der Eurozone auf absehbare Zeit sicher seien. Alle Banker, Politiker, Regulatoren und auch die Institutionen der Europäischen Union wiegen sich in dieser Sicherheit. Dazu mag beitragen, dass keiner so genau hinschaut. Niemand kann und will sich vorstellen, dass Staaten pleitegehen können, obwohl der Vertrag von Maastricht eine Staatsrettung ausdrücklich ausschließt.

Diese Erwartungshaltung wird noch durch eine regulatorische Besonderheit genährt: Immer wenn Banken Kredite vergeben, wird ein Prozentsatz des Bankkapitals als Sicherheit gerechnet. Auf diese Weise kann die Kreditbilanz einer Bank nicht unbegrenzt wachsen. Bei Staatsschulden in der Eurozone ist diese Anrechnung allerdings gleich null, denn diese Staaten können – so jedenfalls die von der Politik erlassene regulatorische Logik – nicht pleitegehen. Damit kann eine Bank faktisch unbegrenzt Kredite an Staaten in der Eurozone geben.

Genau diese Regelung nutzen einige deutsche Institute aus und saugen sich die Bilanz mit Staats- und Kommunaldarlehen südeuropäischer Länder voll, natürlich ohne Kapitalanrechnung. Die Kapitalmärkte und Investmentbanken sind hier nur am Rande involviert. Die Finanzierung der Defizite erfolgt durch die klassischen Geschäftsbanken, mit Krediten, die sie in ihre Bilanzen aufnehmen.

Der Glaube, dass diese Kredite sicher seien, ist so tief verankert, dass selbst die beginnende Finanzkrise zunächst nichts daran ändert. Im Gegenteil – das Kreditgeschäft mit Staaten in der Eurozone gilt als sicherer Hafen vor den Unbilden der aus den USA über den Atlantik geschwappten

Finanzkrise. Es dauert noch bis 2011, bis sich im eher kleinen Griechenland (zwei Prozent Anteil am Bruttoinlandsprodukt der Euroländer) die Lage zuspitzt: Die Auslandsschulden sind dort inzwischen so hoch, dass eine Rückzahlung als unmöglich gilt; die Eurokrise ist offen ausgebrochen.

Die Rettung Griechenlands durch die Steuerzahler und die Europäische Zentralbank sichert natürlich auch das Überleben der Banken. In diesem Fall liegen die faulen Kredite hauptsächlich bei den französischen Banken, aber – Sie ahnen es vielleicht – natürlich auch wieder einmal bei den deutschen. Letztlich ist das ein Ergebnis der deutschen Exportüberschüsse. Die Griechen, üppig versorgt von ihrem Staat, kaufen reichlich Waren Made in Germany. Das Geld dafür borgen sie bei Banken – irgendwo müssen sie schließlich ja anschreiben lassen. In erster Linie dient die Rettungsaktion aber der Erhaltung der gesamten politischen und ökonomischen Architektur Europas, denn ein Auseinanderfallen des Euro soll um jeden Preis verhindert werden.

4. NACH DER KRISE IST VOR DER KRISE

Was nun lernen wir aus dieser Zeitreise durch fast drei Jahrzehnte des modernen Weltfinanzsystems? Welche Schlüsse für die Zukunft unseres Geldes müssen wir daraus ziehen?

Die härteste Erkenntnis gleich zuerst: Es ist schlichtweg völlig ungenügend, die Erklärung für die Krise auf Banken, Banker und Boni zu verkürzen, so berechtigt die Wut über Fehlverhalten auch sein mag. Als falsch hat sich vielmehr die Annahme erwiesen, dass freie, unregulierte internationale Finanzmärkte den Nutzen und die Effizienz stiften, wie es die Theorie vorsieht. Wir müssen uns alle eingestehen, dass mit der Finanzkrise 2008 die Idee eines deregulierten, globalen und effizienten Finanzsystems gescheitert ist. Grund dafür ist ein simpler, aber fataler Fehler in der Architektur dieses Systems: dass man, wenn es hart auf hart kommt, große Marktteilnehmer nicht pleitegehen lassen kann, ohne einen Systemkollaps zu riskieren.

Die Rettungsorgien, angefangen mit Continental Illinois über die *Savings & Loans* bis hin zum Hedgefonds LTCM, haben letztlich eine Art Markt ohne Marktwirtschaft geschaffen. Daran ändert auch die Abweichung von der Regel im Fall Lehman nichts. Denn kurz nach der Lehman-Pleite startet wieder die Rettungs-Taskforce aus Politik und Notenbanken, und zwar intensiver denn je. Sie senken die Zinsen bis zum Gehtnichtmehr und kaufen für zweistellige Milliardenbeträge notleidende Anleihen auf, und das jeden Monat.

Das zentrale Anreiz- und Steuerungselement einer Marktwirtschaft ist die Dualität aus Gewinnchance und Verlustrisiko – der Markt belohnt, der Markt bestraft aber auch. Die faktische Abschaffung der Pleite als Kontrollinstrument entzieht dieser Dualität eine Säule und verwandelt das Finanzsystem in eine gigantische Optionalität – allerdings nur für diejenigen, die wissen, damit umzugehen. Die Gewinne bleiben privatisiert, während die Verluste von allen getragen werden müssen.

Das deregulierte Finanzsystem hat sich damit nicht nur als Quelle von Ineffizienz und Exzess erwiesen, sondern als eine zentrale Ursache für die zunehmende Ungleichheit in der Vermögensverteilung. Wir müssen deshalb akzeptieren, dass wir nicht mehr eine Einzelfallregulierung im Bankenbereich brauchen, sondern eine komplett neue internationale Geldarchitektur.

Die zweite Lektion lautet: Zeitpunkt und Auslöser eines Crashs hängen mehr vom Zufall ab als von allem anderen. Deshalb darf ein gutes Risiko- und Vermögensmanagement nicht etwa bedeuten, aus Angst vor einer sich abzeichnenden Krise nichts zu tun. Man muss schnell, flexibel und kühl handeln. Gleichgültig, ob Sie Banker oder Privatanleger sind: Es geht nicht darum, keine Fehler zu machen, sondern die eigenen Fehler frühzeitig zu korrigieren. Denn nach der Krise ist immer vor der Krise – aber es können Jahrzehnte dazwischenliegen.

Wenn ein Krisenprophet wieder einmal einen unmittelbar bevorstehenden Börsenkrach ausruft, sollten Sie also ausgesprochen skeptisch bleiben. Selbst wenn man die tiefer liegenden Ursachen einer sich abzeichnenden Krise lange vorher erkennen und auch noch richtig einordnen kann, ist es praktisch unmöglich, Auslöser und Zeitpunkt des Ausbruchs einer Krise richtig zu prognostizieren. Diese banale, aber zentrale Erkenntnis ist wichtig, damit Sie nicht Ihr halbes Leben nervös damit verbringen, auf den nächsten Aktiencrash zu warten. Etwas zugespitzt hieße das nämlich, Selbstmord aus Angst vor dem Tod zu begehen.

Auch die dritte Erkenntnis ist für uns alle als Anleger von zentraler Bedeutung. Wir haben immer wieder auf die Bedeutung gesamtwirtschaftlicher Ungleichgewichte hingewiesen, insbesondere in den Leistungsbilanzen. Das amerikanische Defizit war die Initialzündung für die Globalisierung und hat entscheidend zum Aufstieg Asiens und insbesondere Chinas beigetragen. Der Nutzen für die Weltwirtschaft ist dabei offenkundig. Die jahrzehntelange Übertreibung hat daraus aber gewaltige, akkumulierte finanzwirtschaftliche Ungleichgewichte entstehen lassen.

Diese Ungleichgewichte kombiniert mit einer viel zu laxen Geldpolitik der Zentralbanken haben zu einer globalen Schuldenblase geführt. 2008 hat der Markt eigentlich seine Entscheidung getroffen: Die Blase wäre in einer starken Deflation, also in einem drastischen Rückgang des allgemeinen Preisniveaus, geplatzt, viele Pleiten wären die Folge gewesen. Diese Bereinigung mit all ihren dramatischen Konsequenzen kann nur durch eine gigantische internationale Rettungsaktion verhindert werden.

Als Sparer sollten wir nicht vergessen, was die Alternative bedeutet hätte: Der Markt hat uns im Jahr 2008 gezeigt, dass der natürliche Zustand der Selbstheilung ein Verlust großer Teile unseres Ersparten durch die Deflation und die anschließende Pleitewelle gewesen wäre. Den Preis dafür, dass diese Reaktion verhindert worden ist, zahlen wir alle in Form des gegenwärtigen Nullzins-Umfeldes.

Lassen Sie uns das etwas näher erläutern: Geld ist nichts anderes als eine auf Papier geschriebene Forderung. Wäre es 2008 zu einer Deflation gekommen, würde es heute viele dieser Forderungen schlicht nicht mehr geben. Und damit gäbe es natürlich auch keine Rendite für die Inhaber der Forderungen. Schließlich müsste die Rendite ja von Schuldnern kommen, aus dem Staats- und dem Privatsektor. Und Schuldner, die durch eine Schocktherapie in Form einer Deflation pleitegehen, können nun einmal keine Rendite mehr bezahlen. Machen Sie sich als Anleger klar: Der Markt wollte 2008 die Überschuldung mit einer Deflation bereinigen.

Und gehen Sie besser mal davon aus, dass der Markt auch heute noch so entscheiden würde – wenn man ihn denn ließe. Zwischen der Deflation und uns standen und stehen nur die Zentralbanken. In der Finanzkrise 2008 haben sie das System noch einmal gerettet, allerdings weniger durch eine Zinspolitik des billigen Geldes. Entscheidender ist der massive Einsatz ihrer Bilanzkraft. Ob die Fed in den USA, die

Europäische Zentralbank in Europa oder die Bank of Japan, überall sind es inzwischen die Zentralbanken, die durch den Kauf von Staatsanleihen, Hypothekenanleihen und sogar Unternehmensanleihen selbst und ziemlich direkt Kredite vergeben. Damit wird einstweilen der deflatorische Finanzcrash erfolgreich verhindert.

Damit wird aber auch endgültig das marktwirtschaftliche Element am Finanzmarkt abgeschafft. Die Zentralbanken, die mit dem »Saturday Night Massacre« von 1979 ins Rampenlicht der Öffentlichkeit getreten sind und den modernen Finanzmarkt maßgeblich geprägt haben, diese Zentralbanken sind heute der Finanzmarkt!

Als es
Morgen war

1. THE DAY AFTER

Die akuten Symptome der Finanzkrise von 2008 und die Eurokrise von 2011 mögen erfolgreich bekämpft worden sein, die Auswirkungen der Krisentherapien spüren wir allerdings heute noch. In dem entstandenen Umfeld aus Deflationsdruck auf der einen Seite und auf der anderen Seite Zentralbanken, die mit der ganzen Kraft ihrer Bilanzen und ihrer geldpolitischen Instrumente dagegenhalten, um Inflation zu erzeugen, ist Geldanlage im Vergleich zu früheren Zeiten eine echte Herausforderung geworden. Aber wie wird es weitergehen? Bleibt das Umfeld so, seit Jahren bei einem Zinsniveau, das nun einen historischen Tiefstand erreicht hat? Oder wird es sich ändern? Und wenn ja, wie?

Machen Sie mit uns einen Zeitsprung und richten den Blick in die Zukunft. Das ist natürlich deutlich schwieriger, als die Vergangenheit zu erklären. Zumal wir leider keine Glaskugel zur Verfügung haben. Wenn man aber Entscheidungen zur Geldanlage treffen will, die sich auf viele Jahre in der Zukunft beziehen, kommt man ohne eine gut begründete Hypothese nicht aus. Man muss sich wohl oder übel entscheiden, wie sich die wichtigsten Parameter in der Wirtschafts- und Finanzwelt wohl entwickeln werden. Unsere Prognosen sind Aussagen über eine mögliche Zukunft, nämlich die Zu-

173

kunft, die wir für die wahrscheinlichste halten. Nicht mehr, aber auch nicht weniger.

Einer Frage wollen wir besondere Aufmerksamkeit widmen: Welche Gefahren drohen Ihrem Ersparten, und was können Sie dagegen tun? Um Antworten geben zu können, müssen wir Vorhersagen zu den zwei zentralen Kennziffern des Geldes treffen, nämlich zum Zins, also dem Preis des Geldes, und zur Inflation, also dem Wertverlust des Geldes. Und das heißt insbesondere, dass wir uns darüber Gedanken machen müssen, wie die mächtigen Zentralbanken wohl künftig operieren werden.

Immerhin ist die Ausgangssituation dafür einigermaßen klar: Zentralbanken und Regierungen haben in einem gemeinsamen Kraftakt sowohl bei der Finanz- als auch bei der Eurokrise die Rettung vorerst geschafft, allerdings zu einem hohen Preis. Die Verschuldung in der Weltwirtschaft ist dadurch kräftig angestiegen. In den USA hat die Krise den Schuldenappetit der privaten Haushalte und Unternehmen zwar zeitweise gezügelt, die Schuldenquote des privaten Sektors am Bruttoinlandsprodukt sinkt von rund 86 Prozent 2008 auf knapp 67 Prozent 2017. Dafür legen die Staatsschulden umso stärker zu, von fast 11.000 Milliarden Dollar auf rund 20.000 Milliarden Dollar, also von einem Anteil von rund 75 Prozent auf gut 108 Prozent am Sozialprodukt. Der massive Anstieg der Staatsschulden hat die Gesamtverschuldungsquote der USA, also die Summe aus den Schulden des Staates, der Unternehmen und der privaten Haushalte, auf einen Anteil von deutlich über 260 Prozent am Bruttoinlandsprodukt getrieben.

Das Beispiel USA ist typisch. Weltweit hat sich in den vergangenen zehn Jahren ein gewaltiger Schuldenberg aufgebaut. Die Gesamtverschuldung hat von einem Anteil von 243 Prozent am globalen Bruttoinlandsprodukt auf 287 Prozent zugelegt, Tendenz steigend.

Doch es kommt noch etwas dazu. Mit den beiden Krisen leidet auch das Vertrauen in das Finanzsystem, die Kreditvergabe über Banken und den Markt gerät ins Stocken. Also müssen die Zentralbanken aushelfen. Etwas platt formuliert, drucken sie Geld, kaufen damit Staatsschulden und Privatschulden und packen die in ihre Bilanzen. Dieses Verfahren, dass eine Zentralbank nicht nur Geschäftsbanken, sondern auch anderen Unternehmen und Staaten direkt Geld leiht, heißt im Fachjargon *Quantitative Easing*. Vor allem die Europäische Zentralbank betreibt dieses *Quantitative Easing* mit gewaltigem Einsatz, letztlich natürlich um den Euro zu retten. Ihre Bilanzsumme klettert von 1,2 Billionen Euro 2007 auf heute 4,2 Billionen Euro, ein Plus von 350 Prozent in zehn Jahren. Damit ist nicht irgendeine Geschäftsbank aus Deutschland oder Frankreich der größte Kreditgeber im Euroraum, sondern die Europäische Zentralbank in Frankfurt.

Diese Zahlen und einige Kenntnisse über die Entwicklung des Finanzsystems in den vergangenen 40 Jahren helfen dabei, fünf Basisannahmen zu formulieren und zu begründen:

1. Jahrzehntelange realwirtschaftliche Ungleichgewichte haben zu einer viel zu hohen Gesamtschuldenquote geführt, vor allem in den Ländern des Westens. Dieser hohe Schuldenberg ist mittelfristig nicht tragbar. Er macht es den Zentralbanken heute schon unmöglich, die Zinsen zu erhöhen.

2. Das Versprechen der Finanzindustrie, den wachsenden Schuldenberg weltweit zu verteilen und zu kontrollieren, hat sich als alchemistische Illusion erwiesen und in die Finanzkrise geführt. Um das Schlimmste zu verhindern, mussten die Zentralbanken ihre Bilanzen einsetzen und massiv Anleihen aufkaufen. Das hat in den Jahren nach 2008 faktisch dazu geführt, dass der freie Kapitalmarkt entmündigt worden ist, zu seinem Schutz und zum Schutz der Anleger.

3. Die realwirtschaftlichen Ungleichgewichte haben eine eigentümliche internationale »Arbeitsteilung« bei ihrer Finanzierung herausgebildet: Die großen Nettogläubiger sind in Asien, in erster Linie China, in Mitteleuropa, da vor allem Deutschland, und im Mittleren Osten mit seinen Ölländern. Die großen Schuldnernationen sind allen voran die USA und viele Staaten im Süden der Eurozone.

4. In einer Welt mit stark nach Nationen abgegrenzten Schuldner- und Gläubigerinteressen und mit den USA als größtem Nettoschuldner wird es vor allem um eine Frage gehen: Wie viel bekommen die Gläu-

biger real überhaupt noch zurück? Oder anders formuliert: Wie viel werden die Gläubiger verlieren müssen, um die Gesamtverschuldung auf ein erträgliches und nachhaltiges Niveau zu senken? Die Eurokrise hat einen Vorgeschmack gegeben, wie entgegengesetzt nationale Interessen sein können, wenn es um Schulden geht – gerade auch unter Freunden.

5. Es gibt grundsätzlich nur zwei Wege, um aus der hohen Gesamtverschuldungsquote auf ein halbwegs verträgliches und nachhaltig verkraftbares Niveau zu kommen. Zum einen durch Deflation mit all ihren schmerzlichen Folgen wie Konkursen und Pleiten, also einer Neuauflage der Krise von 2008. Die zweite Variante ist Inflation, durch eine schleichende oder, vielleicht besser noch, eine abrupte Geldentwertung. Faktisch würde das eine durchaus auch schmerzliche reale Teilenteignung der Gläubiger bedeuten.

Der sogenannte freie Markt hat 2008 sein Urteil gefällt: Er wollte eine deflatorische Anpassung erzeugen. Ohne die massiven staatlichen Eingriffe hätte die Krise zu massiven Pleiten und Kreditausfällen geführt. Die Deflation hätte aber auch eine dramatische Entschuldung erzwungen und damit einen Neuanfang ermöglicht. Die Verantwortlichen zur Zeit der Finanzkrise von 2008 entschieden sich gegen die Schocktherapie der Deflation, nicht zuletzt aus historischen Gründen.

Die Krise von 1929 mit all ihren Folgen gilt Politikern und Notenbankern als warnendes Beispiel. Verständlich, denn die Depression der 1930er-Jahre zeigt die möglichen Folgen einer solchen Marktanpassung auf brutale Art. Eine Wiederholung mit all den katastrophalen und unkalkulierbaren sozialen und politischen Konsequenzen muss vermieden werden, fast schon um jeden Preis. Und zumindest etliche der 2008 verantwortlichen Entscheider wissen genau, was auf dem Spiel steht. Ben Bernanke etwa, von 2006 bis 2014 Chef der amerikanischen Notenbank, hat sich während seiner Jahre als Professor an der Princeton University ausgiebig mit der Großen Depression der 1930er-Jahre befasst. Für ihn ist klar, dass Fehler der Fed »zum größten Wirtschaftsdesaster der amerikanischen Geschichte« (Bernanke) beigetragen haben.

Übertragen auf das Krisenjahr 2008 heißt das: Die Zentralbanken mussten so agieren, wie sie agiert haben. Die wenigstens oberflächlich erfolgreiche Bewältigung der Krise ändert freilich nichts an der Tatsache, dass die tiefer liegenden Probleme geblieben sind. Die Weltwirtschaft, insbesondere die Länder des Westens, leiden unter zu hohen Schulden. Mit der Bekämpfung der Krise haben Politik und Zentralbanken den Schuldenberg sogar noch kräftig erhöht. Die Gesamtverschuldung der Weltwirtschaft von in absehbarer Zeit bald 300 Prozent des Bruttoinlandsprodukts müsste wohl um rund ein Drittel fallen, wenn sie nachhaltig tragbar sein und künftige Generationen nicht übermäßig belasten soll.

Wenn wir unser Szenario für die künftige Entwicklung von Zinsen und Inflation entwerfen wollen, müssen wir uns zunächst also der folgenden Aufgabe widmen: Das Schuldenniveau der Industrieländer muss relativ zum Bruttoinlandsprodukt mindestens um ein Drittel sinken. Aus guten politischen Gründen darf das aber nicht über eine Deflation passieren. Welche Optionen bleiben? Nicht viele. Vergessen Sie nicht: Würde der Markt allein entscheiden, würde es wohl zum Ausbruch einer weiteren schweren Krise kommen, mit einer Pleitewelle und einer tiefen Rezession. Weil die deflatorische Anpassung der zu hohen Verschuldung nicht zugelassen wird, muss damit gerechnet werden, dass es häufiger kleinere Krisen geben wird. Der Markt wird das System immer wieder testen und herausfordern.

Die Zentralbanken werden diese Krisen freilich mit allen Mitteln bekämpfen, ähnlich, wie die Europäische Zentralbank die Eurokrise bekämpft hat. Und man darf davon ausgehen, dass sie mit der unbegrenzten Möglichkeit, Geld zu drucken, auf absehbare Zeit auch erfolgreich sein werden. Deshalb gehen wir auch fest davon aus, dass die Geldpolitik das Ziel verfolgen wird, die Zinsen noch für viele Jahre so niedrig zu halten, dass die Schuldner sich durch eine Mischung aus Wirtschaftswachstum und Inflation schleichend auf Kosten der Gläubiger teilentschulden können.

Was bedeutet das nun konkret für die zu erwartende Entwicklung der Zinsen? Als Faustformel können Sie sich merken, dass die Zinsen dann neutral sind, wenn sie ungefähr der Wachstumsrate des nominalen Bruttoinlandsprodukts entsprechen. Die wird für das Jahr 2017 in Deutschland mit rund dreieinhalb Prozent erwartet (zwei Prozent reales Wirtschaftswachstum plus Inflationsrate von rund eineinhalb Prozent). Liegt der Zinssatz darüber, ist die Geld-politik restriktiv, weil die am Markt geforderten Zinsen über der nominalen Wachstumsrate der Wirtschaft liegen. Sind die Zinsen niedriger, wirkt das expansiv und stimulierend für die Wirtschaft.

In Deutschland verharren die Zinsen aber schon seit Jahren bei so gut wie null Prozent – und damit deutlich unter dem nominalen Wirtschaftswachstum. Für die Real-wirtschaft mag das zunächst vorteilhaft sein. Allerdings können die niedrigen Zinsen auch schnell zu einer Über-hitzung der Gesamtwirtschaft und zu Blasen führen, wie am Immobilienmarkt. Eine andere Folge dieser Zinskon-stellation steht dagegen bereits fest: Sie führt zwangsläu-fig zu einem Vermögenstransfer von den Sparern zu den Schuldnern, wozu neben dem Staat auch die Unternehmen gehören. Ein Zinssatz unter dem normalen Zins führt da-mit also zu einer schleichenden Entschuldung.

Ein kleines Beispiel soll demonstrieren, wie wirkungs-voll die schleichende Entschuldung funktioniert: Liegen die Zinsen bei einem Prozent und das nominale Wachstum des Bruttoinlandsprodukts für zehn Jahre im Schnitt bei vier Prozent, so würde der Anteil der Gesamtschulden am Bruttoinlandsprodukt (unter der Annahme, dass keine Neuverschuldung stattfindet) um über ein Drittel sinken. Genau das ist das Ziel. Die Antwort auf die Frage, wo die Zinsen hingehen, lautet deshalb: Es spricht alles dafür, dass die Zinsen auf lange Zeit deutlich unter dem nominalen Wirtschaftswachstum bleiben werden.

Für jeden Anleger bedeutet dies, Sparen auf die traditionelle Weise, also mit Festgeld oder Sparbuch, wie es vor allem in Deutschland gern praktiziert wird, führt zu einem schleichenden Vermögensverlust, mindestens. Die Einschränkung »mindestens« ist deshalb vorzunehmen, weil das Risiko, dass die Inflationsrate höher steigt und der Vermögensverlust heftiger ausfällt, nicht zu unterschätzen ist.

Daran schließt die zweite Frage an: Wie wird sich die Inflationsrate in den kommenden Jahren entwickeln? Die Zentralbanken betreiben seit Jahrzehnten eine expansive Geldpolitik, pumpen also die Geldmenge auf, in den vergangenen Jahren der Nullzinspolitik besonders heftig. Aber dennoch, darauf weisen die Anhänger der lockeren Geldpolitik gern hin, bleibt ein deutlicher Anstieg der Inflation aus. Die Japaner kennen dieses Phänomen schon länger und warten bereits seit zwei Jahrzehnten auf einen Anstieg der Teuerungsrate.

Das Argument, es herrsche ein stabiles Preisniveau, ist durchaus richtig, jedenfalls wenn man die Entwicklung der Güterpreise betrachtet, also den offiziellen Inflationsindikator. Dem liegt ein Durchschnittswarenkorb zugrunde, der derzeit rund 750 Posten enthält, von Nahrungsmitteln über Bier und Zigaretten bis hin zum Laserdrucker und »Essen auf Rädern«. Wie aussagekräftig dieser Warenkorb ist, wollen wir hier nicht bewerten. Ganz anders sieht es mit der Sachwerteinflation aus, die deutlich über der gemessenen Inflationsrate liegt.

Wir gehen davon aus, dass die Inflationsrate irgendwann in den nächsten Jahren steigen wird. Sie dürfte sich in den wichtigen westlichen Volkswirtschaften zwischen zwei und vier Prozent bewegen. Drei Argumente sprechen für diese Prognose:

1. *Das Geldmengenargument:* Ja, es stimmt. Seit langer Zeit wächst die Geldmenge ohne spürbare Auswirkung auf die gemessene Inflationsrate. In Japan hat die Zentralbank inzwischen bald die Hälfte der Staatsschulden angekauft und die Geldmenge entsprechend erhöht. Einen stattlichen Anteil von 220 Prozent am Bruttoinlandsprodukt hat die staatliche Schuldenquote dort inzwischen erreicht, ohne nennenswerte Effekte auf die Inflation. Das darf allerdings nicht darüber hinwegtäuschen, dass Inflation letztendlich auch ein monetäres Phänomen ist. Früher oder später wird sich der Effekt der Geldflut nicht nur in den Preisen von Sachwerten, sondern auch in steigenden Güterpreisen wiederfinden.

2. *Das Globalisierungsargument:* Ein Garant der niedrigen Inflationsrate bei den Güterpreisen war und ist der freie Welthandel. Besonders die Länder Asiens wollen es mit niedrigen Preisen ihrer Exportwaren erreichen, eine wichtigere Rolle in der Weltwirtschaft zu spielen. Die Konsumenten in den westlichen Industrieländern haben lange von dieser Strategie profitiert, und zwar in Form niedriger Preise. Doch das

wird sich wohl ändern. Zum einen, weil China nicht mehr die verlängerte Werkbank des Westens bleiben will. Künftig wird im Reich der Mitte die Stärkung der Binnennachfrage eine wichtigere Rolle spielen. Zum Zweiten führen einige Nebenwirkungen des Freihandels wie stagnierende Löhne und die Verlagerung von Produktionsstätten zu politischen Konsequenzen im Westen. Es ist zu hoffen, dass der Freihandel nicht durch Protektionismus auf breiter Front abgelöst wird. Man muss aber damit rechnen, dass der Welthandel von der Politik etwas aktiver gesteuert wird. Beide Trends werden den preisdämpfenden Effekt der Globalisierung, von dem wir alle in den vergangenen beiden Jahrzehnten profitiert haben, abschwächen.

3. *Das Digitalisierungsargument:* Hier begeben wir uns auf dünnes und sehr hypothetisches Eis. Und doch wollen wir es vorbringen. Vieles spricht dafür, dass die Digitalisierung nicht nur die Kommunikation, sondern auch die Industrie und den Verkehr revolutioniert. Sie erfordert allerdings eine neue Infrastruktur, eine völlig andere, als die alte Industriegesellschaft sie bietet. Denken Sie nur an selbstfahrende Elektromietwagen als Transportmittel für den Innenstadtbereich einer Metropole. Strukturbrüche sind dabei unvermeidlich und machen zentrale Teile des bisherigen infrastrukturellen Kapitalstocks obsolet. Eine schnelle Umrüstung führt sicherlich zu Wachs-

tumsperspektiven, allerdings zunächst eher auch zu steigenden als fallenden Preisen. Schlussendlich und in eingeschwungenem Zustand wird die digitalisierte Wirtschaft der Zukunft eher wieder preisdämpfend sein.

Die Annahme einer anziehenden Inflationsrate eröffnet der Wirtschafts- und Geldpolitik zusätzliche Möglichkeiten. Das Schlüsselwort dafür heißt *Financial Repression* und bezeichnet die Strategie, Zinsen möglichst lange unterhalb der Wachstums- und Inflationsrate zu halten, um so die Schulden über die Zeit langsam abzuschmelzen. Eine solche Politik der *Financial Repression* würde im Fall gestiegener Inflationsraten sogar bei Zinsen von zwei bis drei Prozent funktionieren – allerdings zum Nachteil der Sparer. Deren Geldforderungen würden dann nicht nur durch zu niedrige Nominalzinsen relativ abnehmen, sondern durch die höhere Inflationsrate auch noch jedes Jahr real schrumpfen.

Was ist heute Inflation?

Was ist unser Geld eigentlich noch wert? Liest man die offiziellen Verlautbarungen, dann hat der Euro seit seiner Einführung Anfang 1999 so gut wie nichts an Kaufkraft eingebüßt. Die offizielle Inflationsrate für Deutschland schwankt in den vergangenen eineinhalb Jahrzehnten zwischen 0,2 Prozent und gut zwei Prozent. Einen kleinen Ausreißer gibt es, als die Teuerung im Jahr 2007 auf 3,2 Prozent springt, aber danach beruhigt sie sich schnell wieder auf zuletzt knapp unter zwei Prozent. Fachleute sprechen bei solchen Werten von einem stabilen Preisniveau – weit entfernt von Inflation, also einer Entwertung des Geldes.

Aber kann man für einen Euro tatsächlich noch so viel kaufen wie zur Jahrtausendwende? Das Statistische Bundesamt misst die Entwicklung der Verbraucherpreise anhand eines repräsentativen Warenkorbes für einen deutschen Durchschnittshaushalt aus 2,3 Personen. Die Preise von rund 750 Waren und Dienstleistungen werden dabei erfasst, von Lebensmitteln über das Auto, den Kühlschrank, die Miete bis zum Friseur. Der daraus ermittelte Verbraucherpreisindex mag Stabilität signalisieren. Die Lebenswirklichkeit vieler Menschen sieht allerdings anders aus. Viele spüren sehr wohl eine Entwertung ihres Geldes.

Der Unterschied zwischen individuell wahrgenommener und offizieller Teuerung hat im Wesentlichen zwei Gründe: Der Warenkorb der Durchschnittsfamilie mag für die vergangene Generation noch halbwegs und näherungsweise repräsentativ gewesen sein, inzwischen ist das aber immer weniger der Fall. Heutzutage gibt es fast so viele Lebensentwürfe wie Menschen. Die zunehmende Segmentierung der Gesellschaft in Familien-, Single- und Patchwork-Haushalte in Ballungsräumen wie München oder Hamburg, in Mittelstädten und auf dem Land bringt aber auch unterschiedliche Lebensgewohnheiten und ein unterschiedliches Ausgabeverhalten hervor. Wenn das Münchner Akademikerehepaar, das sich vor Jahrzehnten beim Studium an der Harvard-Universität kennengelernt hat, die Tochter auch auf die amerikanische Elite-Uni schicken will, bekommt es die Teuerung bei den Studiengebühren drastisch zu spüren. Vor 25 Jahren sind es ein paar Tausend Dollar im Jahr gewesen, heute geht nichts unter 40.000 Dollar.

In Großbritannien und den USA erleben Eltern schon seit Langem, dass die Kosten guter Bildung deutlich stärker steigen als die Inflationsrate. In den vergangenen sechs Jahren haben sich die Gebühren für Privatschulen in England um mehr als 20 Prozent erhöht. Die Verbraucherpreise sind in dieser Zeit um etwa 13 Prozent geklettert, die Gehälter im Durchschnitt um fünf Prozent. An die 180.000 Pfund verschlingt eine 13-jährige (private) Schulbildung in London, Tendenz steigend. London mag ein Sonderfall sein, doch der Trend gilt für die gesamte angelsächsische Welt, einschließlich der USA. Und er erfasst mehr und mehr auch Deutschland. Weil dort öffentliche Schulen in den vergangenen Jahren vernachlässigt worden sind, schicken inzwischen immer mehr Eltern auch in Deutschland ihre Kinder auf Privatschulen – ein Kostenfaktor, der im Warenkorb der Statistiker nicht vorgesehen ist.

Das Beispiel verdeutlicht, worauf es ankommt: Die einheitliche Inflationsrate für alle gibt es nicht mehr, jeder muss sich Gedanken machen über seinen individuellen Warenkorb. Und der unterscheidet sich zunehmend vom Standardwarenkorb. So trennen sich etliche Großstadtfamilien inzwischen vom Zweitwagen, in der Provinz dagegen ist er für viele ein Muss. Der zweite Faktor: Mag ja sein, dass wir keine große Inflation bei den Verbraucherpreisen haben, dafür haben wir sie bei den Vermögenswerten umso mehr. Der Preisauftrieb hat sich bei deutschen Wohnimmobilien seit 2010 um mehr als 30 Prozent beschleunigt. Für eine 100-Quadratmeter-Wohnung in München muss ein Durchschnittsverdiener in der bayerischen Landeshauptstadt heute mehr als 21 Jahre arbeiten. Das ist gut ein Viertel mehr als vor fünf Jahren – und ein klassischer Fall der Entwertung des Geldes.

Gehen Sie mal davon aus, dass *Financial Repression* bis auf Weiteres die bevorzugte Strategie der großen Schuldnerländer und ihrer Zentralbanken bleiben wird, allen voran der USA. Damit ist es ihnen nämlich möglich, das Schuldenproblem einigermaßen geräuschlos und ohne großen Kollateralschaden loszuwerden. Die einzigen Verlierer sind dabei die Sparer. Und damit auch große Nettosparernationen wie Deutschland. Das Land muss sich auf jeden Fall darauf einstellen, sowohl in der Eurozone als auch im Verhältnis zu den USA in eine schwierigere politische Lage zu geraten.

Und doch haben wir Zweifel, dass die *Financial Repression* funktionieren wird und tatsächlich zu einer kräftigen Entschuldung führt. Ein wesentlicher Grund dafür sind die auch in diesem Szenario immer noch niedrigen Zinsen. Sie verlocken sowohl Staaten als auch den Privatsektor, Schulden aufzunehmen und nicht abzubauen. Dieser Effekt wird noch dadurch verstärkt, dass die Inflation bei den Sachwerten – von Immobilien bis Aktien – Schuldner bis jetzt immer belohnt hat.

In unserem simplen Rechenmodell sind wir vereinfachend davon ausgegangen, dass es keine Neuschulden gibt. Wenn *Financial Repression* grundsätzlich also zwar hilft, letztendlich wegen der zu erwartenden Neuschulden aber wohl nicht ausreichen wird, bleibt eine wahrscheinliche Variante übrig. Und das ist eine verstärkt und konsequent vorangetriebene Teilentschuldung der öffentlichen Haushalte, und zwar nach dem Vorbild der Nippon Inc.: indem die Zentralbanken immer größere Teile der Staatsschulden ankaufen.

Japan ist wie bereits beschrieben in dieser Disziplin schon am weitesten, aber auch die Europäische Zentralbank ist in dieser Methode bereits geübt. Bei dieser sogenannten Monetarisierung besitzt der Staat am Ende über seine Zentralbank quasi einen großen Teil seiner eigenen Schulden und kann sie sich letztlich selbst erlassen. Ein eleganter Weg dazu wäre zum Beispiel die Umwandlung der von der eigenen Zentralbank angekauften Anleihen in neue Anleihen mit 100 Jahren Laufzeit und sehr niedrigem Zins. Diese würden dann in die Tresorkeller der Zentralbanken wandern und dort im wahrsten Sinne des Wortes verschwinden.

Was wie Magie wirken mag, hat leider den Nachteil, dass dabei durch den Ankauf der Zentralbanken immer mehr neues Geld gedruckt und in Umlauf gebracht wird. Und diese Ausweitung der Geldmenge wird eines Tages ihre inflatorische Wirkung entfalten.

Unser Fazit für das wahrscheinlichste Szenario: Die nächsten Jahre werden zunächst von niedrigen Zinsen und mittelfristig von langsam steigender Inflation geprägt sein. Dabei kommt es immer wieder zu kleineren oder größeren

Krisen mit deflatorischem Druck. Die Zentralbanken werden aber mit einer weiteren Ausweitung ihrer Bilanz dagegen ankämpfen. Dazu werden sie durch weitere Ankäufe von Staatsanleihen die öffentlichen Haushalte weiter teilentschulden. Irgendwann in den kommenden fünf bis zehn Jahren kann die damit verbundene Ausweitung der Geldmenge zu einem abrupten Anstieg der Inflationsrate auf etwa fünf Prozent führen, vielleicht aber auch mehr. Das würde die reale Rückführung des gesamten Schuldenniveaus weiter beschleunigen. Erst wenn dieser Anpassungsprozess abgeschlossen ist, wird sich die Geldpolitik normalisieren.

Die großen Verlierer – und das selbst ohne die Variante mit dem sprunghaften Anstieg der Inflation – sind die Sparer und Anleihebesitzer. Für sie gibt es eigentlich nur ein »gutes« Szenario: dass die Zentralbanken mit ihrer bisherigen Politik brechen und der Markt sich wenigstens zum großen Teil selbst überlassen wird. Die daraus folgende deflatorische Krise würde konservativ angelegte Geldvermögen aufwerten. Ein solcher Strategieschwenk ist möglich, wir halten ihn wegen der zu erwartenden Kollateralschäden und der abschreckenden historischen Erfahrungen mit der Großen Depression der 1930er-Jahre aber für unwahrscheinlich. Am wahrscheinlichsten bleibt für uns deshalb das beschriebene Szenario der *Financial Repression* mit einer zumindest realen Chance von Inflationsraten in Höhe von bis zu fünf Prozent in den nächsten zehn Jahren.

2. ZENTRALBANKEN – ODER WIE WIR LERNTEN, SCHULDEN ZU LIEBEN

Als Paul Volcker im Herbst 1979 sein berühmtes »Saturday Night Massacre« veranstaltet hat, beträgt die Schuldenquote der USA rund 130 Prozent des jährlichen Bruttoinlandsprodukts. Heute, fast 40 Jahre später, liegt die Schuldenquote etwa doppelt so hoch.

Ganz ähnlich sieht der Trend für die Weltwirtschaft aus. Global hat sich der Schuldenberg seit der Jahrtausendwende bis zum Frühjahr 2017 auf 215 Billionen Dollar mehr als verdoppelt, umgerechnet gut 200 Billionen Euro, rund 325 Prozent der weltweiten Wirtschaftsleistung. Das bedeutet nichts anderes, als dass die knapp 7,5 Milliarden Menschen auf der Erde mehr als drei Jahre zum Nulltarif arbeiten müssten, um die Schulden komplett zu tilgen. Selbst die so erfolgreiche Wirtschaft Chinas drückt inzwischen eine Multimilliardenlast: Die Schulden des Staates, der Unternehmen und der privaten Haushalte summieren sich auf mehr als 250 Prozent der Wirtschaftsleistung, Tendenz steigend.

Weltweit machen alle immer mehr Schulden, um damit noch ein bisschen Wirtschaftswachstum zu erzeugen, in der kühnen Hoffnung, daraus dann die Schuldenlast abtragen zu können. Diese Methode erinnert an den sagenhaften Baron Münchhausen, der es geschafft hat, sich selbst samt Pferd am eigenen Schopf aus dem Sumpf zu ziehen. Doch das ist im Märchen, wie bei den *Goldilocks*. Die Schulden aber sind Wirklichkeit. Und zu dieser Wirklichkeit gehört, dass die Schulden in den vergangenen Jahren doppelt so schnell gewachsen sind wie die Wirtschaft. Dass dies kein nachhaltiges Modell sein kann, liegt auf der Hand.

Die zweite schlechte Nachricht lautet: Die Schulden schränken den geldpolitischen Spielraum der Zentralbanken massiv ein. Als im Herbst 1979 die Teuerungsrate in den USA auf über neun Prozent steigt, sagt Zentralbank-Chef Paul Volcker der Inflation den Kampf an und erhöht die Zinsen um insgesamt mehr als fünf Prozentpunkte. Was aber könnten die Notenbanken heute tun, wenn die Inflation zurückkommt? Würden sie wie damals die Zinsen schlagartig um über fünf Prozentpunkte erhöhen, so hieße dies angesichts des Schuldenniveaus rein rechnerisch, mehr als zehn Prozent des Bruttoinlandsprodukts müssten zwischen Schuldnern und Gläubigern umverteilt werden. Zu Volckers aktiven Zeiten ist es nur halb so viel gewesen.

Hinter der Umverteilung steckt die folgende Logik: Beträgt die Gesamtverschuldung eines Landes 250 Prozent des Bruttoinlandsprodukts und steigen die Zinsen um fünf Prozentpunkte, müssen die Schuldner eben fünf Prozentpunkte mehr Zinsen auf diese 250 Prozent bezahlen. Das entspricht 12,5 Prozent des Bruttosozialprodukts. Ein gigantischer Betrag, der für die USA mehr als 2.000 Milliarden Dollar ausmachen würde, rund die Hälfte des gesamten Staatshaushaltes eines Jahres. Die Schockwellen einer solchen Maßnahme wären so gewaltig, dass ein Crash unvermeidbar wäre.

Unser Rechenbeispiel mag vereinfacht und holzschnittartig sein. So unterstellen wir, dass es nur variable Zinsbindungen gibt, was in der Realität nicht der Fall ist. Gleichwohl zeigt die Rechnung, dass es bei den hohen Schuldenquoten für die Zentralbanken heute und auch morgen hochriskant ist, die Zinsen deutlich zu erhöhen. Das Beispiel macht aber vor allem klar, dass Zinspolitik immer auch ein Verteilungskonflikt zwischen Schuldnern und Gläubigern ist. Genau dieser Aspekt verdient mehr Beachtung, denn er hilft zu verstehen, wie unterschiedlich heute die Interessenlagen vieler Staaten sind – und warum sie es auch bleiben werden.

Im Mittelpunkt stehen dabei die USA. Sie bleiben noch auf absehbare Zeit die größte Volkswirtschaft der Welt, mit der wichtigsten Zentralbank der Welt und dem amerikanischen Dollar als einziger wirklicher Reservewährung der Welt. Daneben ist die Ausgangslage der USA durch die hohe Schuldenquote geprägt. Seit Jahrzehnten leben die Amerikaner über ihre Verhältnisse. Mittlerweile haben sie Nettoauslandsschulden – also Bruttoauslandsschulden abzüglich der amerikanischen Forderungen gegenüber dem Ausland – in Höhe von rund 10.000 Milliarden Dollar angehäuft. Das ist gut die Hälfte ihres Bruttoinlandsprodukts im Jahr 2017. Diese Ausgangssituation bedeutet, dass der im Rechenbeispiel oben geschilderte Verteilungskonflikt nicht nur zwischen den Gläubigern und Schuldnern besteht, sondern auch zwischen Nationen.

Die amerikanische Geldmaschine

Die Vereinigten Staaten von Amerika sind das am höchsten verschuldete Land weltweit. Addiert man die Schulden der privaten Haushalte, der Unternehmen und des Staates, türmt sich ein Berg von rund 33 Billionen Dollar auf, den sich die USA vom Rest der Welt geliehen haben, Tendenz steigend. Diesem gewaltigen Betrag stehen zwar Forderungen gegenüber dem Ausland in Höhe von etwa 24 Billionen Dollar gegenüber. Es bleibt unterm Strich aber immer noch ein Minus von rund neun Billionen Dollar, das bedient werden muss.

Da sollte man meinen, die USA müssten per Saldo Jahr für Jahr deutlich mehr ans Ausland überweisen, als sie von dort bekommen. Doch das Gegenteil ist der Fall: Im Jahr 2016 fließen netto rund 200 Milliarden Dollar ins Land der unbegrenzten Möglichkeiten. Das hat allerdings nichts mit Finanzalchemie zu tun, sondern mit geschicktem Ausnutzen von Optionen. Dafür sorgt zunächst der Dollar. Er ist die mit Abstand wichtigste internationale Reservewährung, anerkannt und gefragt bei Sparern um den ganzen Globus. Das liegt an der historischen, seit mehr als einem Jahrhundert etablierten Position der USA als Supermacht der Welt, der Stärke ihrer Wirtschaft, ihrer Politik und ihres Militärs. Und weil der Dollar überall akzeptiert ist, kann sich das Land vergleichsweise einfach und günstig im Ausland verschulden.

Dank ihrer im internationalen Vergleich hoch entwickelten Finanzindustrie nutzen die USA diese Möglichkeit geschickt aus. Uncle Sam operiert dabei wie ein Hedgefonds-Manager: Er leveragt das Land, pumpt es also kräftig mit Fremdkapital auf. Einen Teil des im Ausland geliehenen Geldes investieren amerikanische Institute wiederum im Ausland, in Form von Unternehmensbeteiligungen zum Beispiel. Dividenden, Zinserträge und Wertsteigerungen daraus sind so hoch, dass sie die Kosten der Verschuldung bei Weitem übertreffen. Man kann es auch so formulieren: Die Welt zahlt Amerika auch noch Geld dafür, dass sie dem Land Geld leiht, und zwar in Höhe von gut und gerne einem Drittel des amerikanischen Verteidigungshaushalts.

Das Beispiel der USA zeigt, wer von steigenden Zinsen profitieren und wer verlieren würde. Die großen Schuldner sind der Staat selbst, die Unternehmen und viele private Haushalte mit ihren Immobilien-, Auto- und Studentenkrediten. Anders als in Deutschland ist die Mehrheit der privaten Haushalte in den USA und damit der Wähler verschuldet. In England ist es ganz ähnlich. Das liegt zum Teil daran, dass in den angelsächsischen Ländern mehr Haushalte auch Immobilienbesitzer sind. Die Eigentumsquote in den USA und England liegt bei 63 beziehungsweise 63,5 Prozent, in Deutschland sind es nur rund 50 Prozent. Den amerikanischen Gläubigern steht eine relativ kleine Gruppe von Nettosparern im Inland gegenüber und eine große Gruppe von Ausländern, die seit Jahrzehnten die Schulden ankauft. Allen voran sind das die Netto-Sparernationen Deutschland und China.

Diese Konstellation macht deutlich, dass die USA mit Sicherheit kein Interesse an höheren Realzinsen haben, im Gegenteil. Wie wir im Rechenbeispiel gezeigt haben, würde ein Zinsanstieg nämlich zwangsläufig zu einem erheblichen Nettovermögenstransfer ins Ausland führen. Deutsche und Amerikaner mögen immer noch dieselben Werte teilen, Freiheit und Demokratie zum Beispiel. Es ist aber offensichtlich, dass beide Nationen nicht mehr das gleiche ökonomische Interesse haben, zumindest nicht aus Sicht des deutschen Sparers.

Dieser Befund wird von einem faszinierenden Paradoxon verstärkt. Die USA nehmen trotz ihrer hohen Auslandsschulden deutlich mehr Zinsen und Dividenden aus dem Ausland ein, als sie für die Bedienung ihrer Auslandsschulden bezahlen müssen. Dieses außergewöhnliche Einkommen liegt im Jahr 2016 bei immerhin knapp einem Prozent des Bruttoinlandsprodukts, macht also rund 200 Milliarden Dollar.

Aber wie ist es möglich, dass die USA mit all ihren Schulden unterm Strich auch noch Geld verdienen? Im Prinzip ganz einfach: Das Land finanziert sein aufgelaufenes Defizit mit Schuldpapieren, zum Beispiel *Treasury Bonds*, also amerikanischen Staatsanleihen, oder mit irgendwelchen vermeintlich sicheren Hypothekenanleihen. Zusätzlich nimmt die US-Finanzindustrie massiv weitere Schulden auf. Damit kauft sie Sachanlagen im Ausland, zum Beispiel Beteiligungen an Unternehmen oder Immobilien. Da aber die Zinsen seit Jahren fallen und die Preise für Sachwerte zulegen (gerade auch wegen der niedrigen Zinsen), erzielt die amerikanische Volkswirtschaft mit diesem Vorgehen einen satten Gewinn.

Dieses Phänomen verdeutlicht vor allem den ökonomischen Nutzen, den es hat, Besitzer der Weltreservewährung Nummer eins zu sein. Denn nur die internationale Sonderstellung des Dollar macht es den USA möglich, sich derart hoch im Ausland in ihrer eigenen Währung zu verschulden. Dank des Privilegs, die einzige echte, mit Sicherheit aber wichtigste Reservewährung der Welt zu sein, finanzieren die Vereinigten Staaten faktisch einen Großteil ihres Wehretats, jedenfalls indirekt. Denn nur der Status des Dollar als Reservewährung gibt ihnen die Möglichkeit, statt zusätzlich 200 Milliarden Dollar an Kreditzinsen ins Ausland zu überweisen, 200 Milliarden Dollar an Dividenden und Habenzinsen zu kassieren.

Entscheidend für das Thema ist, was diese Situation über die amerikanische Interessenlage und damit über das wahrscheinliche Verhalten von Regierung und Zentralbank in der Zukunft aussagt. Für uns steht fest:

1. Amerika kann und wird kein Interesse an deutlich positiven Realzinsen haben, also an Nominalzinsen, die höher sind als die Inflationsrate. Das Land und seine Zentralbank werden deshalb immer geneigt sein, die Zinsen möglichst niedrig zu halten.

2. Aufgrund der hohen Auslandsschulden ist es für die Amerikaner völlig rational, durch Gelddrucken auch die kleinste deflatorische Anpassung zu vermeiden. Schließlich schadet Deflation dem Schuldner. Umso größer ist dagegen das Interesse der Amerikaner als Nettoschuldner an Inflation.

3. Der Wert von Sachanlagen, von Aktien oder Immobilien etwa, hat in den USA eine besondere Priorität. Deshalb ist es kein Wunder, dass die Vereinigten Staaten seit Jahrzehnten trotz aller Marktrhetorik bei kleineren oder großen Börseneinbrüchen die treibende Kraft hinter den ständigen Rettungsaktionen sind und bleiben. Auch in der Eurokrise haben sie immer sehr konsequent die Position einer fast bedingungslosen Rettungsstrategie vertreten.

Ähnlich wie die USA haben einige Länder der Eurozone massiv über ihre Verhältnisse gelebt, bis heute. Die Einführung der gemeinsamen europäischen Währung hat es ihnen ermöglicht, hohe Defizite in der Leistungsbilanz zu machen und sich dafür in Euro zu verschulden. Zur Finanzierung eingeführter Waren haben sie in erster Linie in Deutschland anschreiben lassen. Ob die überbordende Verschuldung im Staatssektor anfällt wie in Griechenland oder im Privatsektor wie in Spanien, ist dabei nicht entscheidend. Denn in der Krise werden durch die Rettung der Banken Privatschulden letztlich zu Staatsschulden, was die Beispiele Irland und Spanien plastisch vorgeführt haben.

Deshalb konzentrieren wir uns nicht wie viele andere auf die Staatsschulden, sondern betrachten die Gesamtverschuldung eines Landes und seine Leistungsbilanz. Höhere Schulden des privaten Sektors könnten theoretisch jedenfalls »besser« sein als Staatsschulden, sofern dieses Geld investiert würde. In vielen westlichen Volkswirtschaften ist es aber leider so, dass diese Schulden in erster Linie für den Konsum verwendet werden oder bestenfalls, um Häuser und Wohnungen zu kaufen und die Immobilienpreise damit weiter hochzutreiben. Das mag aus Sicht des Einzelnen eine Investition sein. Allerdings stellen mit Schulden finanzierte Käufe von Bestandsimmobilien aus Sicht der ganzen Volkswirtschaft keine Investition in die Zukunft dar. Es gibt eben doch einen Unterschied zwischen Preis- und Wertsteigerung.

Eine hohe Schuldenquote ist zunächst einmal eine rein innere Angelegenheit jedes einzelnen Landes, jedenfalls solange die Leistungsbilanz ausgeglichen ist oder gar ein Überschuss erzielt wird. Deutlich wird das am Beispiel Japan: Die gemessen am Bruttosozialprodukt drittgrößte Volkswirtschaft der Welt weist inzwischen eine Schuldenquote von mehr als 400 Prozent am Sozialprodukt aus. Umgerechnet rund elf Billionen Euro hat allein der Staat in den vergangenen Jahrzehnten angehäuft, eine Quote von fast 240 Prozent des Sozialprodukts. Nur zum Vergleich: Die Staatsverschuldung in den Ländern der Eurozone in Relation zur Wirtschaftskraft liegt bei rund 90 Prozent.

Finanziert wird die gewaltige Verschuldung Japans aufgrund der jahrelangen Überschüsse in der Leistungsbi-

lanz von den eigenen Sparern und zunehmend von der
Zentralbank des Landes, der Bank of Japan. Etwas anders
stellt sich die Lage bei einigen Eurostaaten dar, allen voran
Griechenland. Die Verschuldungsquote des Landes liegt
zwar niedriger, sogar deutlich niedriger als in Japan, doch
die Kombination aus Schulden und negativer Leistungsbilanz hat zu einer Verschuldung im Ausland geführt, insbesondere in Deutschland.

Die große Geldflut

Wie die amerikanische, die europäische und die japanische Zentralbank ihre
Bilanzsummen ausweiten

Amerikanische Zentralbank (—⋀— Fed) in Milliarden Dollar, Europäische Zentralbank (—⋀— EZB) in Milliarden Euro,
Bank of Japan (—⋀— BOJ) in hundert Milliarden Yen.   *Quelle: FRED Economic Data*

Wenn europäische Schuldnerstaaten wie Griechenland versuchen müssten, ihre Kredite über die nächsten Jahrzehnte
real und womöglich gar zu echten Marktzinsen abzustot-
tern, bliebe ihnen faktisch kein ökonomischer oder politi-

scher Handlungsspielraum. Im Klartext: Sie können ihre Schulden schlicht nicht zurückzahlen. Damit ist der heutige Konflikt in der Eurozone zwischen Nord- und Südeuropa letztlich ein Konflikt zwischen Gläubigern und Schuldnern. Gläubiger wie die Deutschen sind zu Recht besorgt um ihr Geld und verlangen von den Griechen und anderen Sparopfer. Dies auch um den Preis einer Deflation, wobei diese die Geldforderung sogar noch aufwertet.

Schuldnerländer wie Griechenland auf der anderen Seite weisen darauf hin, dass der Sparkurs ihre Wirtschaft noch schwächer macht. Sie fordern neues Geld in der Hoffnung, damit höheres Wachstum zu erzeugen, um die Altschulden wenigstens halbwegs bedienen zu können. Natürlich fordern sie auch weiterhin niedrige Zinsen und hoffen auf Inflation und eine Transferunion, wie der französische Präsident Emmanuel Macron sie faktisch vorschlägt, um sich auf diese Weise real wenigstens zu einem Teil entschulden zu können. Das heißt also: neue Schulden zu niedrigeren Zinsen, was nicht unbedingt marktwirtschaftlich ist.

Deutschland befindet sich damit in einer ausgesprochen unglücklichen Position: Das Land muss sich entscheiden zwischen der Erhaltung seiner Freundschaft mit den europäischen Partnern und somit niedrigen Zinsen, Inflation und einer wie auch immer gearteten Transferunion auf der einen Seite oder der Durchsetzung seiner finanziellen Forderungen auf der anderen Seite und damit dem Risiko, auf diese Weise ein Auseinanderbrechen Europas auszulösen. Die Position des mächtigen Verbündeten USA ist, wie bereits beschrieben, glasklar. Faktisch hat Deutschland damit keine echte Wahl, das muss jedem Sparer klar sein.

Die Situation wird für Deutschland und seine Sparer zusätzlich durch eine Art Umkehrung der amerikanischen Konstellation verkompliziert. Deutschland hat seit der Einführung des Euro am 1. Januar 1999 rund 2.400 Milliarden Euro an Überschüssen in der Leistungsbilanz angehäuft, eine Menge Geld. Heute sind davon schätzungsweise noch rund 2.000 Milliarden übrig. Den Rest, immerhin rund 400 Milliarden Euro, haben wir schlichtweg verbrannt – beispielsweise indem Investoren hohe Wertberichtigungen auf ihre von amerikanischen Banken gekauften *Subprime*-Papiere vornehmen mussten. Während also die Amerikaner aus Schulden hohe Gewinne herausholen, verwandeln die Deutschen gigantische Vermögen in Verluste – keine besonders clevere Form der Geldanlage.

Warum aber passiert das? Nun, das deutsche Finanzsystem ist nicht gerade besonders gut entwickelt. Viele Banken haben für viel Geld die bereits beschriebenen amerikanischen Hypothekenanleihen gekauft oder hohe Kredite an griechische Gebietskörperschaften vergeben, mit den bekannten Folgen: Verlusten in Milliardenhöhe. Während die amerikanischen Fondsmanager also billige Kredite aufgenommen und intelligent in internationale Sachwerte investiert haben, gern auch in deutsche Industrieunternehmen oder Immobilien, haben einige deutsche Institute schlechte Kredite zu billig vergeben und damit unterm Strich volkswirtschaftliches Vermögen vernichtet.

An diesem bedauerlichen Zustand hat sich bis heute wenig verändert. Viele Unternehmen und ihre Eigentümer erzielen durch die Exporte zwar hohe Gewinne. Die damit verbundenen Überschüsse in der deutschen Leistungsbilanz führen allerdings zu einem Anlagenotstand im Inland. Diese Situation verstärkt sich Jahr für Jahr. Mit jedem Leistungsbilanzüberschuss der Deutschen erhöht sich der Schuldenstand anderer Länder im Euroraum, die deutsche Waren abnehmen. Die Folge: Ein großer Teil des Geldes deutscher Sparer liegt bei der Europäischen Zentralbank, mit null Prozent verzinst.

Sollten die Deutschen also mehr Geld in inländische Sachwerte, zum Beispiel Immobilien, investieren? Auf den ersten Blick mag das als gute Alternative erscheinen. Es gibt allerdings einen zentralen Nachteil. Die akkumulierten Überschüsse in der Leistungsbilanz bedeuten konkret nichts anderes, als dass es zurzeit in Deutschland 2.000 Milliarden Euro mehr Geld gibt als Anlagemöglichkeiten. Und wenn mehr Geld vorhanden ist als Angebot, dann ist das für die potenziellen Käufer ein Nachteil. Denn das knappe Angebot treibt unweigerlich die Preise hoch und drückt die Rendite. Am deutschen Immobilienmarkt ist diese Entwicklung bereits sichtbar. Im schlimmsten Fall endet das in einer Blase, die irgendwann platzt, wie das in Japan Ende der 1980er-Jahre passiert ist.

Was folgt aus diesem Befund für den Sparer? Unser Szenario über das zu erwartende Verhalten von Zentralbanken und Politikern legt folgendes Kalkül nahe:

- Raus aus dem klassischen Sparbuch und den Termin-einlagen. Selbst wenn die Zinsen nominal wieder steigen, müssen sie gemessen an Inflation und Wachstum niedriger bleiben, als es dem Sparer eigentlich zusteht. Real wird das Geld auf Sparbuch und Termineinlagen also immer weniger wert.
- Das Ersparte sollte auf möglichst viele Anlageklassen gestreut werden, von Immobilien über Rohstoffe bis zu Unternehmensbeteiligungen. Die Anlage sollte obendrein auch noch international breit gestreut sein.

Ein wichtiger Aspekt muss allerdings noch geklärt werden. Ausgehend von der Grundannahme einer schleichenden Inflationierung: Sind vielleicht auch plausible Entwicklungen denkbar, die diese Grundannahme infrage stellen? Sind womöglich sogar Umstände denkbar, die eine deflatorische Anpassung auslösen können?

3. ERSTENS KOMMT ES ANDERS, UND ZWEITENS ALS MAN DENKT

Sparer müssen sich für die nächsten Jahre somit auf eine besondere Konstellation einrichten. Die ökonomischen Umstände, aber auch die Interessen der Schuldner, die wohl höher gewichtet werden als die Interessen der Gläubiger, führen dazu, dass die Zentralbanken noch eine ganze Weile an ihrem derzeitigen Kurs festhalten werden. Dieser Kurs zeichnet sich durch drei Komponenten aus:

- Die Zinsen, selbst wenn sie einmal wieder steigen sollten, werden künstlich zu niedrig gehalten,
- sodass der Realzins, also der Nominalzins abzüglich der Inflationsrate, für den Sparer mit hoher Wahrscheinlichkeit bestenfalls null ist, wahrscheinlich sogar im Minus sein wird.
- Die extrem lockere Geldpolitik wird noch dadurch verstärkt, dass die Notenbanken, allen voran die Europäische Zentralbank, ihre Bilanzen aggressiv durch Ankäufe von Staats- und anderen Anleihen aufblähen.

Trotz dieser ausgesprochen lockeren Geldpolitik ist es bis jetzt nicht zu einem deutlichen Anstieg der Verbraucherpreise gekommen. Anders allerdings sieht es mit der Teuerung bei den Sachwerten aus. Seit Jahren steigen die Kurse von Aktien und die Preise von Immobilien, auch exotischere Formen der Geldanlage wie Kunst oder Oldtimer legen im Wert anscheinend unaufhaltsam zu.

Für diese Inflation bei den Sachwerten erklären sich die Zentralbanken allerdings als nicht zuständig, aus für uns unerfindlichen Gründen. Wir halten die Eingrenzung der Inflation auf die Güterpreisinflation für einen Fehler. Inflation ist vereinfacht formuliert ein Kaufpreisverlust des Geldes. Dieses Phänomen nur an einem mehr oder weniger willkürlich festgelegten Warenkorb von Gütern und Dienstleistungen festzumachen, greift zu kurz. Moderne Gesellschaften sind durch vielfältige Lebensentwürfe geprägt, ein repräsentativer Warenkorb, der tendenziell für alle Menschen gilt, existiert schlicht nicht mehr. Für eine Mittelschichtsfamilie in Amerika etwa sind die seit Jahren um über fünf Prozent per annum steigenden Ausbildungskosten ihrer Kinder für den Lebensstandard relevanter als die Preise von Elektrogeräten.

Auch die steigenden Immobilienpreise sind nichts anderes als Inflation, zumindest für den Erstkäufer. Eine junge Familie in einem Ballungsraum wie München, Frankfurt oder Hamburg muss für den Kauf oder die Miete einer Wohnung sehr viel länger arbeiten als die Generation ihrer Eltern für eine vergleichbare Wohnung vor 20 Jahren. Das ist nichts anderes als eine Entwertung des Geldes. Kein Wunder, dass in der Geschichte Inflation nicht nur an der Preisentwicklung von Nahrungsmitteln, sondern klassischerweise auch an den Immobilienpreisen festgemacht wird.

Die offiziellen Statistiken weisen für die westlichen Industrieländer dennoch Teuerungsraten von etwas weniger als zwei Prozent aus. Doch machen Sie sich nichts vor: Wer an diese offiziellen Verlautbarungen glaubt, lebt in einer Geldillusion. Faktisch gibt es deutlich mehr Inflation, als die Statistiken suggerieren. Die Zahlen sind nur eine Frage der Zusammenstellung und der Gewichtung des Warenkorbs. Es ist davon auszugehen, dass es kein Zufall ist, wenn die ausgewiesenen Inflationsraten so niedrig sind, im Gegenteil: Das ist von den Verantwortlichen wohl beabsichtigt. Und die Sparer sollten sich darauf einstellen, dass dies noch eine ganze Weile so bleiben wird. Aus mehreren Gründen:

- Die niedrigen Zinsen kombiniert mit Inflation sorgen dafür, dass die Schulden real entwertet werden, natürlich zum Nachteil der Sparer.
- Die damit zwangsläufig einhergehende Inflation bei den Sachwerten wie Aktien oder Immobilien wird immer wieder zu kleineren Blasen und Krisen führen. Das wiederum erzwingt fast schon automatisch weitere Rettungsaktionen durch Politik und Zentralbanken, jedes Mal mit noch mehr Geld und günstigeren Krediten.
- Der Zufluss an billigem Geld treibt die Inflation bei den Sachwerten weiter an.
- Damit verbunden sind zum Teil erratische Schwankungen, insbesondere bei den Aktienkursen. Viele Sparer interpretieren diese Schwankungen, übrigens ganz im

Einklang mit der herrschenden Finanztheorie, fälschlicherweise als Risiko. Fälschlicherweise deshalb, weil diese Einschätzung der Sparer dazu führt, dass sie sich von Sachwerten und insbesondere von Aktien fernhalten.

Die Wahrscheinlichkeit, dass das skizzierte Grundszenario eintritt, setzen wir mit 65 Prozent an. Doch was ist mit den verbleibenden 35 Prozent? Die Quote ist so hoch, dass man sie für das Anlagekalkül nicht ausblenden kann. Schließlich haben wir selbst darauf hingewiesen, was auch passieren könnte: dass nämlich ein weitgehend sich selbst überlassener Markt eine deflatorische Anpassung erzwingen würde. Die Folge wäre ein starker Wertverlust bei den Sachwerten – vom Einbruch bei den Immobilienpreisen bis zum Crash an den Aktienbörsen. Deshalb wollen wir drei mögliche Szenarien präsentieren, bei denen entweder bewusst oder durch Verkettung unglücklicher Umstände der internationale Konsens von Politik und Zentralbanken, die Märkte bewusst zum Vorteil der Schuldner und Sachwertebesitzer zu steuern, gebrochen wird – drei mögliche Szenarien, dass es doch ganz anders kommen kann als bei unseren Basisannahmen:

Szenario eins: Links ist doch eine Alternative.

Der überraschende Erfolg von Politikern wie Bernie Sanders in Amerika und Jeremy Corbyn im Vereinigten Königreich gerade bei den jungen Wählern ist ein Indiz dafür, dass die herrschende Lehre von Privatisierung und globalisierten Kapitalmärkten zunehmend unter Druck gerät. Gerade in jüngerer Zeit wird viel über die Einkommensentwicklung in den westlichen Ländern diskutiert, mit der Botschaft, dass die Mittelschicht abzurutschen droht. Die Datenlage ist nicht eindeutig, und die Diskussion über die diversen Effekte der Globalisierung auf die Realeinkommen, insbesondere der Mittelschicht, würde hier zu weit führen.

Doch ein anderer Aspekt, der auch eine unvermeidliche Konsequenz der seit Jahrzehnten betriebenen Wirtschaftspolitik ist, öffnet das Tor für eine klassische und durchaus berechtigte Umverteilungsdebatte. Und das ist die Inflation bei den Sachwerten. Wie bereits beschrieben steigen die Preise für Sachwerte inzwischen seit Langem mit hohen Wachstumsraten. Doch nur ein kleiner Teil der Bevölkerung hat die Möglichkeit, sich zu den künstlich viel zu niedrig gehaltenen Zinsen billig zu verschulden und das Geld dann in Sachwerte zu investieren. Es ist deshalb kein Wunder, dass der Hauptteil der Sachwerte von den obersten zehn Prozent der Haushalte gehalten wird.

Unabhängig davon, ob man Anhänger des angelsächsischen Kapitalmarktmodells oder des industriell geprägten deutschen Modells ist: Die Kluft in der Vermögensverteilung zwischen den Besitzern von Sachwerten wie Unternehmen (auch Aktien) und Immobilien auf der einen Seite und dem brav sparenden Durchschnittsbürger auf der anderen Seite hat sich immer weiter vergrößert. Diese in der Tat problematische Entwicklung ist eine Konsequenz von zu niedrigen Zinsen auf der einen und tolerierter Sachwerteinflation auf der anderen Seite. Wenn Politik und Zentralbanken dann noch teure Rettungsaktionen bei Börsen-crashs starten, trägt das nicht gerade zur Legitimation der Marktwirtschaft in der Gesellschaft bei. Denn in erster Linie profitieren davon die Besitzer von Sachwerten.

Besonders betroffen von dieser Entwicklung ist die junge Generation. Wer heute in einem westlichen Industrie-land nach dem Studium von der Universität kommt, beginnt sein Berufsleben mit einem Handicap. In England und Amerika starten viele mit hohen Schulden, weil die Ausbildung teuer ist. In den USA sind die *student loans* auf ein Volumen von 1.400 Milliarden Dollar geklettert. Überall, auch in Deutschland, finden sich junge Leute in einer Welt wieder, in der das Eigenheim nicht so leicht zu verwirklichen ist wie für die Generation ihrer Eltern. Es ist nur eine Frage der Zeit, wann eine konsistente linke Politik nach Umverteilung nicht der Einkommen, sondern der aktuellen Vermögenslage ruft.

Dies wird zudem dadurch wahrscheinlicher, dass in der schönen neuen Welt aus Globalisierung und Digitalisierung in erster Linie immer noch die Einkommen als wesentliche Basis der Besteuerung herangezogen werden. Auf Dauer dürfte das allerdings kaum funktionieren, genauso wenig wie die herkömmlichen Ansätze der Besteuerung von Unternehmensgewinnen – was man auch bei den großen Internetkonzernen sieht, die faktisch kaum Steuern zahlen. Es bietet sich geradezu an, durch stärkeres Heranziehen von Vermögenswerten, ob von Aktien, Immobilien oder sonstigem, die Steuerbasis zu erweitern. Zumal selbst liberale

Marktwirtschaftler nicht schlüssig erklären können, warum Kapitalgewinne entweder gar nicht oder nur mit einem deutlich niedrigeren Steuersatz belastet werden als Erwerbseinkünfte.

Wir halten es deshalb für wahrscheinlich, mindestens für möglich, dass diese Entwicklung zu Konsequenzen in der Steuerpolitik führen kann. Eine stärkere Besteuerung von Vermögen und Kapitaleinkünften könnte durchaus auch die Initialzündung sein, um Sachwerte neu – in einem solchen Fall deutlich niedriger als derzeit – zu bewerten. Das hätte breite Auswirkungen, nicht zuletzt für den Finanzsektor. Aufgrund des hohen Beleihungsgrades bei Immobilien könnte ein fiskalpolitisch ausgelöster Verfall der Werte einen regelrechten Dominoeffekt auslösen. Darum nennen wir dieses Szenario, in dem es zu einer deutlichen Abweichung von unserer Grundannahme kommt, das linke Umverteilungsszenario.

Liest man sich durch die Wahlprogramme von Sanders und Corbyn, wäre ihre Umsetzung in Regierungspolitik mehr als nur ein kosmetischer Bruch mit der Wirtschaftspolitik der letzten Jahrzehnte. Wir wollen hier nicht die politische Legitimation dieser Programme bewerten, wir müssen aber darauf hinweisen, dass ein solcher Politikwechsel sehr wohl Auslöser für eine deflatorische Anpassung sein könnte.

Szenario zwei: Der Euro-Selbstmord.

Es ist immer wieder verwunderlich zu lesen und zu hören, wie viele sogenannte Wirtschaftsexperten den Austritt eines oder mehrerer Länder aus dem Euro für machbar halten, oder gleich auch eine komplette Rückabwicklung der Gemeinschaftswährung. Um es unmissverständlich zu sagen: Selbst eine partielle Rückabwicklung des Euro durch den Austritt eines Landes würde mit extrem hoher Wahrscheinlichkeit in einer wirtschaftlichen und politischen Katastrophe münden, mit massiven globalen Auswirkungen.

Warum? Nun, das zentrale Problem liegt darin, dass der Euro die gemeinsame Währung von grundsätzlich nach wie vor autarken Nationalstaaten ist. Käme es also zu der Rückabwicklung oder auch nur zur Erwartung einer wahrscheinlichen Auflösung des gemeinsamen Währungsraumes wäre ein Euro nicht mehr gleich einem Euro. Machen Sie sich dazu klar, wie die Rückabwicklung technisch wohl aussehen würde. Rein formal ist der Euro ein gewichteter Korb aus den ehemaligen Währungen der Teilnehmerländer. Das ist bei seiner Entstehung so gewesen, und das gilt auch heute noch.

Eine Rückabwicklung kann man sich im Grundsatz folgendermaßen vorstellen: Jeder Eurobesitzer bekommt für sein Geld die wieder einzuführenden nationalen Währungen entsprechend ihres prozentualen Anteils am Euro auf seinem Konto gutgeschrieben. Für einen deutschen Sparer hieße das, er erhält für seinen Euro eine große Portion D-Mark, reichlich Francs, dazu italienische Lire, ein wenig Peseten, aber natürlich auch etwas Drachmen oder belgische Francs. Den Deutschen sagt man ja eine gewisse Unwilligkeit zur Revolution nach. Man kann sich aber leicht vorstellen, dass diese Unwilligkeit im Fall einer derartigen Währungsumstellung schnell verschwinden würde. Das politische Establishment Deutschlands, davon sind wir überzeugt, würde eine solche Entscheidung kaum überstehen.

Will man ein solches Tohuwabohu vermeiden, bleibt nur die Möglichkeit, Euro in Deutschland in D-Mark, in Frankreich in französische Francs, in Spanien in spanische Peseten umzutauschen – analog in den übrigen Ländern. Nach der Umstellung würde die D-Mark wohl massiv aufwerten, Lira, Peseta und erst recht die griechische Drachme hingegen massiv abwerten. Ganz so reibungslos würde das freilich nicht vonstattengehen. Sobald auch nur der Eindruck entstehen sollte, eine Rückabwicklung des Euro sei mit einer gewissen Wahrscheinlichkeit zu erwarten, wird jeder Sparer in Frankreich und Italien, Griechenland und Spanien versuchen, seine Ersparnisse nach Deutschland zu transferieren. Er wird sie dort auf ein Bankkonto legen oder im besten Fall sogar deutsche Staatsanleihen oder andere hoch besicherte Wertpapiere kaufen. Dies tut er mit dem Kalkül, nach der Umstellung die sich aufwertende D-Mark und nicht die eigene fallende Währung zu besitzen.

Folglich müsste eine solche Währungsumstellung blitzschnell erfolgen und ließe sich nur in Kombination mit massiven Kapitalverkehrskontrollen umsetzen. In der Praxis würde das bedeuten, dass die Grenzen für eine gewisse Zeit de facto geschlossen werden müssten, um Bargeldboten am Übergang zu hindern.

Ein solches Vorgehen würde mit Sicherheit auf ein ökonomisches Desaster hinauslaufen – nicht nur für die Eurozone, sondern für ganz Europa und letztlich auch für die Weltwirtschaft. Es sei an dieser Stelle darauf hingewiesen, dass genau diese Angst vor einer zumindest theoretisch möglichen, wenn auch zurzeit politisch nicht gewollten Rückabwicklung der Gemeinschaftswährung der Grund ist, warum internationale Anleger bereit sind, ihre Euro lieber dem deutschen Finanzminister zu Minuszinsen zu geben, als in Frankreich oder Spanien Pluszinsen für ihr Geld zu bekommen.

Wir gehen davon aus, dass die Entscheidung darüber, welchen Weg die Eurozone einschlägt, in den kommenden Jahren fallen muss und wird. Womöglich raffen die Politiker sich dazu auf, die notwendigen Modalitäten und Maßnahmen konsequenter umzusetzen und auf diese Weise eine erfolgreiche Währungsunion zu stemmen. Genauso denkbar ist aber auch, dass die Politik sich für eine andere Variante entscheidet: eine weitere schleichende Finanzierung Europas durch die Europäische Zentralbank. Langfristig kann das allerdings nicht gut gehen. Letztlich würde dieses Vorgehen dem Szenario einer Auflösung der Währungsunion den Weg bereiten.

Doch daran hat wohl keiner ein Interesse. Der Brexit, der Ausstieg Großbritanniens aus der Europäischen Union, strapaziert die Europäer ohnehin schon, dazu kommen die Herausforderungen einer zunehmend schwer kalkulierbaren Politik der Amerikaner unter Donald Trump – in einem solchen Umfeld mit größeren Unsicherheiten erscheint uns eine wenn auch holprige so doch schlussendlich erfolgreiche Weiterentwicklung der Währungsunion das wahrscheinlichste Szenario. Dies gilt umso mehr, seit Frankreich Emmanuel Macron zum Präsidenten gewählt hat, der letztendlich die Transferunion für Europa umsetzen will. Da aber die Konsequenzen eines Scheiterns fatal wären, sollte jeder das Euro-Suizid-Szenario im Kopf behalten.

Szenario drei: Das China-Syndrom.

Ende 2015, Anfang 2016 kommt es an den Börsen weltweit zu einem Minibeben. Die Rohstoffpreise kollabieren, und die Börsenindizes fallen innerhalb weniger Monate um über 20 Prozent. Der Grund: Die internationale Anlegergemeinde gerät in Sorge, das Wirtschaftswachstum in China könne einen kräftigen Dämpfer bekommen. Zur Einordnung muss man wissen, dass die chinesische Wirtschaft in den vergangenen 20 Jahren eine enorme Bedeutung für die Weltwirtschaft übernommen hat. Sie ist der größte Importeur von Rohstoffen und erwirtschaftet mit sechs bis acht Prozent die höchsten Wachstumsraten aller wichtigen Industrienationen. Vor 30 Jahren gilt noch das Bonmot, wenn Amerika einen Schnupfen hat, bekommt der Rest der Welt eine Lungenentzündung. Heute stimmt der Satz wohl auch für China.

Aber nicht nur, wenn es nach unten geht, auch umgekehrt ist das Reich der Mitte längst zur zentralen Größe gewachsen. Nach dem Crash von 2008 erfolgt die Trendwende auf den Aktienmärkten im ersten Quartal 2009, kurz nachdem die chinesische Regierung das größte Konjunkturprogramm der Wirtschaftsgeschichte angekündigt hat. Umgerechnet knapp 500 Milliarden Euro innerhalb von zwei Jahren investierte allein die Zentralregierung in Infrastrukturprojekte. Dazu kommt ein ähnlich hohes Volumen der Provinzregierungen.

Gerade die Deutschen mit ihrer exportlastigen Industrie gehören zu den großen Profiteuren des chinesischen Wirtschaftserfolges. Doch nach Jahrzehnten ununterbrochenen Wachstums von im Schnitt deutlich über fünf Prozent pro Jahr haben sich natürlich auch in der chinesischen Wirtschaft Schwachstellen und Blasen gebildet.

Eine der großen Schwächen: Obwohl Chinas Wirtschaftswunder noch recht jung ist, erreicht das Land mit einer Gesamtverschuldungsquote von über 250 Prozent inzwischen das Defizitniveau alter westlicher Industrienationen. Bedenklich ist vor allem, dass ein Großteil der Schulden im eher unproduktiven und von außen nur schwer durchschaubaren staatlichen Unternehmenssektor beheimatet sein soll. Dazu kommt ein von außen intransparentes und ebenfalls nur schwer einzuschätzendes Schattenbankensystem, in dem mutmaßlich gigantische Schuldensummen bewegt werden. Es ist deshalb nicht auszuschließen, dass die tatsächliche Gesamtverschuldung noch deutlich höher liegt.

Wir sehen ein durchaus realistisches Szenario, dass die chinesische Regierung steuernd in diese Gemengelage eingreift, um die Basis für weiteres nachhaltiges und gesundes Wirtschaftswachstum zu schaffen. Dabei könnte Peking versucht sein, die Schuldenblase zumindest partiell und kontrolliert zum Platzen zu bringen. Gewiss, das mag ein schwieriges Unterfangen sein, aber im Fall von China ist es machbar. Denn das Land hat jahrzehntelang hohe Überschüsse in der Leistungsbilanz erwirtschaftet und Währungsreserven von fast 3.000 Milliarden Dollar angesammelt. Netto und unterm Strich ist die Verschuldung eine rein inländische Angelegenheit. China sollte deshalb durchaus in der Lage sein, das Schuldenthema einigermaßen autark und unbehelligt vom internationalen Finanzsystem anzugehen.

Deshalb sehen wir für den Fall einer Chinakrise die Gefahr weniger darin, dass das Schuldenvirus wie bei der amerikanischen *Subprime*-Krise 2007/2008 auf den Rest der Welt überspringt. Ein Risiko ist eher, dass die chinesische Regierung teilweise oder für eine gewisse Zeit die Kontrolle über die Steuerung ihrer Volkswirtschaft verlieren könnte. Das Problem selbst beim vorsichtigen Platzen von Schuldenblasen ist, dass die Situation schnell außer Kontrolle geraten kann und womöglich eine schwere Rezession auslöst. Auch wenn die chinesische Politik mit ihrem gesteuerten Wirtschaftsmodell sehr viel Einflussnahme besitzt, erscheint es uns nahezu unmöglich, dass die Regierung in einer solchen Situation die Kontrolle behalten kann.

Eine Rezession, selbst eine begrenzte Zeit von Nullwachstum in China, hätte deutliche Konsequenzen für die Weltwirtschaft. Das Land ist mittlerweile sowohl als Exporteur wie auch als Importeuer extrem stark mit der übrigen Wirtschaftswelt verflochten. Die Rohstoffmärkte und ganz besonders Deutschland wären von einem kriselnden China massiv betroffen. Die Auswirkungen sind zwar schwer kalkulierbar, das Börsenbeben von Ende 2015, Anfang 2016 hat allen aber einen Vorgeschmack gegeben. Und dass China sich seinem Schuldenproblem auf die eine oder andere Weise stellen muss, um die Basis für eine gesunde wirtschaftliche Zukunft zu sichern, ist gewiss.

Dies sind nur drei exemplarische Szenarien. Nicht wenige sehen nur in einem deflatorischen Szenario die Chance für einen echten Neuanfang. Auf jeden Fall gilt es aber Folgendes festzuhalten:

- Der Verschuldungsgrad der Weltwirtschaft ist zu hoch und mittelfristig, in jedem Fall aber langfristig nicht tragbar.
- Die natürliche Anpassung, die ein freier Markt in dieser Konstellation gehen würde, wäre ein massiver Ausfall von Schuldnern, inklusive Staaten. Dagegen stemmen sich die Zentralbanken seit Jahren.
- Die Währungshüter verfolgen die Politik einer schleichenden realen Enteignung der Sparer.
- Die Inflation bei den Sachwerten wird dabei nicht nur billigend in Kauf genommen, sie wird wegargumentiert.
- Diese Praxis von Politik und Zentralbanken braucht auch weiterhin einen breiten internationalen Konsens, um effektiv funktionieren zu können. Das ist gleichzeitig auch die Schwachstelle an diesem Vorgehen.

4. ANLEGEN IN ZEITEN DER CHOLERA

Sparer haben derzeit wenige Alliierte, eigentlich gar keine. Sicherlich, es gibt die Zentralbanken, deren vornehmste und auch offizielle Aufgabe darin besteht, den Geldwert stabil zu halten. Sie sollten damit so etwas wie natürliche Verbündete der Sparer sein. Doch die Natur kann launisch sein, auch die der Zentralbanker. Spätestens in den 1990er-Jahren beginnen die Währungshüter, ihre Aufmerksamkeit einem anderen Ziel zuzuwenden – der Stabilität des Finanzsystems, die Stabilität des Geldwertes geriet ein wenig in den Hintergrund.

Ihr neues Ziel verfolgen EZB, Fed & Co. auf bisweilen brillante Weise und auch durchaus effektiv. Allerdings mit den bereits beschriebenen Nebenwirkungen: Nullzinsen, Liquiditätsschwemme und anschwellende Inflationsgefahr. Die Geldpolitiker bekämpfen zu viele Schulden am liebsten mit noch mehr Schulden. Somit sind die Zentralbanken eben nicht mehr der natürliche Verbündete des Sparers. Der steht, wie wir im vorangegangenen Basisszenario gezeigt haben, in einer Welt voller mächtiger und einflussreicher Schuldner auf nahezu verlorenem Posten.

Und wer passt jetzt, in dieser wohl noch auf Jahre schwierigen Gemengelage, auf das Geld der Sparer auf? Ironischerweise verkaufte und verkauft dieselbe Finanzindustrie, die in den vergangenen Jahren mit sogenannten innovativen Finanzprodukten zum Teil kräftig danebengelegen hat, ihren verunsicherten Kunden immer noch oder wieder sogenannte Innovationen. Für vermögende Anleger mögen zum Beispiel Hedgefonds und Private Equity ganz interessante Konzepte sein. Wenn man beide aber kritisch durchleuchtet, sind ihre phasenweise hohen Erträge meist nur das Ergebnis einer Anlagestrategie, die durch den Einsatz von Schulden die normale Aktienrendite hebelt. Dieser simple Ansatz wird noch kombiniert mit einem attraktiven optionalen Kompensationsmodell für die Macher in den Hedgefonds und Private-Equity-Firmen. Wer daran auf jeden Fall verdient, ist klar.

Bisweilen drängt sich der Eindruck auf, dass es der etablierten Finanzbranche am leichtesten fällt, ihren Kunden gerade die kompliziertesten und intransparentesten Konzepte zu verkaufen. Im optimalen Fall sind solche Verkaufsschlager garniert mit jeder Menge pseudomathematischem Mambo Jambo und aufgepeppt mit so viel Anglizismen, wie das Wörterbuch nur hergibt: *Value at Risk, fat tails, greeks, hedging* und so weiter und so fort.

Inzwischen scheint die Lieblingsbeschäftigung der Zunft darin zu bestehen, Anleger mittels neuer, jetzt aber »wirklich funktionierender« Algorithmen in mehr Risikokategorien einzusortieren, als es Anleger gibt. Aus Sicht der Kunden ist das ein klassischer Fall von *Overengineering*, der ihnen weder mehr Sicherheit noch höhere Rendite bringt. Auf diese Weise können aber findige Tüftler in den

Finanzhäusern eine Menge kaum nachvollziehbarer Produktvarianten kreieren.

Unserer Einschätzung nach gibt es im Prinzip drei Risikogruppen unter den Anlegern:

- *Die Risikoaversiven:* Dieser Anleger-Typus hat eine Verlusttoleranz von null. Das kann an seiner Persönlichkeit liegen oder an handfesten wirtschaftlichen Motiven, zum Beispiel weil er das Geld in absehbarer Zeit braucht.
- *Die Risikobereiten:* Sie suchen nach hohen Renditen und messen dem Anlageprozess oft ein hohes Maß an Unterhaltungswert bei.
- *Die Durchschnittsanleger:* Die wohl größte Gruppe erwartet für ihr Erspartes eine »normale« Marktrendite und akzeptiert, dass dies nicht gänzlich ohne Risiko geht.

Diese Kategorisierung führt auch direkt zum zentralen Problem für Anleger in diesen Zeiten: Wie hoch ist bei Nullzinsen eigentlich eine realistische Erwartung an eine »normale« Rendite? Lassen Sie uns dabei eine gemischte Anlagepolitik mit verzinslichen Anleihen, Immobilien und Aktien unterstellen. Im Prinzip ist die Antwort auf diese Frage recht simpel. Bei einem kurzfristigen Zinssatz von null, den derzeitigen Wachstumsraten für das Bruttosozialprodukt und den erzielbaren Zusatzrenditen auf Anlageklassen von Unternehmensanleihen bis Aktien liegt der Erwartungswert einer solchen Rendite in Deutschland bei drei bis vier Prozent. Mit anderen Worten: Mit einem gemischten und breit gestreuten Portfolio lassen sich bei einem Anlagehorizont von mehreren Jahren also zwischen drei und vier Prozent pro Jahr verdienen – brutto, versteht sich.

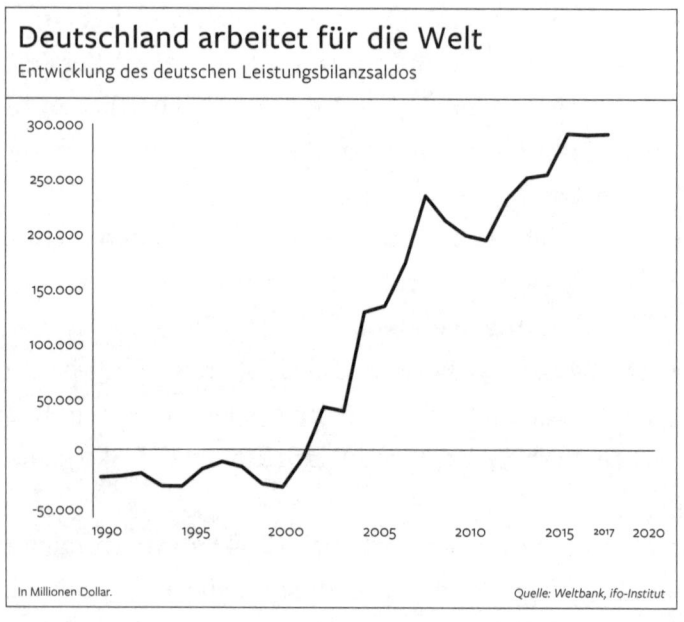

Deutschland arbeitet für die Welt
Entwicklung des deutschen Leistungsbilanzsaldos

In Millionen Dollar.   Quelle: Weltbank, ifo-Institut

Die meisten Publikumsfonds verlangen Verwaltungskosten von zwei bis zweieinhalb Prozent pro Jahr, zusätzlich noch einmalige Ausgabeaufschläge von bis zu fünf Prozent. Damit erreichen die Kosten selbst bei einem Anlagehorizont von fünf Jahren im Schnitt drei bis vier Prozent pro Jahr. Der Erwartungswert der Rendite für unseren Durchschnittsanleger, der sogar bereit ist, ein gewisses Risiko einzugehen, liegt damit realistischerweise bei minus eins bis null Prozent, und das vor Inflation. Dass viele Sparer in diesem Fall ihr Geld lieber gleich auf dem Konto ruhen lassen, liegt auf der Hand.

Aber weshalb entstehen die angesprochenen Kosten eigentlich? Zum überwiegenden Teil leider nicht, um die beste Anlage zu finden. In der Regel »beraten« die Banken ihre Kunden im Sinne von, ihnen etwas zu verkaufen. Standardkunden mit ein paar Tausend Euro Erspartem und durchschnittlichem Einkommen werden in ihre Risikoklasse einsortiert, was sich hauptsächlich auf die Höhe des Aktienanteils bezieht. Anschließend zieht der Berater einen dazu passenden Fonds aus dem Regal – fertig ist die Beratung. Eigentlich ein amüsantes Geschäftsmodell, wenn man bedenkt, dass ein großer Teil des vertretbaren Risikopuffers dafür ausgegeben wird, den vertretbaren Risikopuffer des Kunden einzuschätzen. Dieses Anlagemodell aus alten Zeiten mit nominal hohen Zinsen kann im heutigen Umfeld, zurückhaltend formuliert, nur als Unsinn bezeichnet werden.

Speziell für deutsche Sparer gibt es aber noch eine weitere Herausforderung zu beachten. Der Wirtschaft des Landes geht es scheinbar blendend, ganz wesentlich aufgrund der Exporte. Sie erzielt Jahr für Jahr hohe Überschüsse in der Leistungsbilanz, zuletzt in Höhe von mehr als acht Prozent des Bruttoinlandsproduktes. Für Anleger führt das zu einem unangenehmen Nebeneffekt: Es strömt mehr Geld ins Land, was dazu führt, dass viel Geld im Inland auf vergleichsweise wenige sinnvolle Anlagemöglichkeiten trifft. Die zwangsläufige Folge sind niedrige Renditen und die Gefahr von Preisblasen. Dieses Dilemma trifft auch die deutschen Banken. Ausländische Institute bekommen bei vergleichbaren Kreditrisiken auf ihren Heimatmärkten eine mehr als doppelt so hohe Kreditmarge wie deutsche Institute auf dem deutschen Markt.

Das Betongold oder
Von der Begegnung mit einem Zeitreisenden

Immobilien nennt man gern auch Betongold. Dieses Etikett soll unterstreichen, dass sich der Kauf von Häusern und Wohnungen besonders eignet, wenn man sein Vermögen vor Geldentwertung schützen will. Auch heute denken viele Anleger daran, Immobilien zu kaufen. Zum einen, weil die Zinsen ausgesprochen niedrig sind, sie also günstig finanzieren können. Zum anderen und vor allem aber, weil sie fürchten, dass die Inflation demnächst anspringen könnte.

Aber stimmt der Mythos vom Betongold tatsächlich? Lohnt es sich wirklich, in Immobilien zu investieren, wenn Inflation herrscht? Lassen Sie uns dazu ein Gedankenexperiment anstellen: Wir befinden uns im Jahr 1979, die Inflation in Amerika liegt bei über zehn Prozent, und sie steigt schier unaufhaltsam weiter. Alle Experten sind sich einig, dass die Teuerung noch längere Zeit anhalten wird.

Also denken Sie über den Kauf einer Immobilie nach, sagen wir, in Ihrer Lieblingsstadt München, um Ihr Vermögen vor der Inflation in Sicherheit zu bringen. Da begegnen Sie Ihrem Alter Ego, einem Zeitreisenden aus dem Jahr 2011. Begierig möchten Sie wissen, was die Zukunft bringen wird. Doch

»Amnesie ist leider der Preis für das Privileg der Zeitreise«, erwidert Ihr Alter Ego. An eines kann es sich aber genau erinnern, warum auch immer. Und das ist die Entwicklung der Inflationsrate.

Der Zeitreisende berichtet Ihnen detailliert, wie die Inflation zuerst langsam zurückgeht, bis sie komplett verschwindet. Schließlich wird sie gar von der Gefahr einer Deflation abgelöst, also eines Rückgangs des Preisniveaus auf breiter Front. »Inflation«, sagt er Ihnen, »haben wir in der Zukunft nicht. Die Zentralbank wird sogar verzweifelt und mit allen Mitteln versuchen, die Inflationsrate auf zwei Prozent nach oben zu treiben.«

Würden Sie mit dem Wissen, dass die Inflation verschwinden wird, im Jahr 1979 immer noch kräftig in Immobilien investieren? Viele, wahrscheinlich die meisten, würden dann vermutlich die Finger davonlassen – und hätten im Rückblick einen Fehler gemacht. Denn die Häuserpreise haben in den vergangenen Jahrzehnten gewaltig zugelegt. Doch das hat mit Inflation nichts zu tun. Treiber der kräftig anziehenden Immobilienwerte war und ist vielmehr der nachhaltige Rückgang bei den Zinsen.

Wenn Sie also darüber nachdenken, ob Sie jetzt noch in Immobilien investieren sollen: Überlegen Sie vor allem, wie sich die Zinsen künftig wohl entwickeln dürften. Sinkende Zinsen wie in den vergangenen Jahrzehnten heben den Wert. Steigende Zinsen dagegen sind für Immobilien Gift.

Das ist die andere Seite der Medaille, die der Exportweltmeister so stolz trägt: Wenn die Deutschen eine wenigstens halbwegs interessante Rendite erzielen wollen, müssen sie einen größeren Teil ihres Geldes im Ausland anlegen. Eine solche Anlagestrategie hat zudem den Vorteil, dass alle – Arbeitnehmer, Steuerzahler und Bürger – ohnehin sehr stark von Wohl und Weh der eigenen Volkswirtschaft abhängig sind. Also macht es unter dem Aspekt der persönlichen Risikostreuung durchaus Sinn, einen Teil des Ersparten im Ausland für sich arbeiten zu lassen. Das erfordert freilich auch ein entsprechendes Know-how, damit es nicht derart schiefgeht wie bei vielen deutschen Banken in der Finanz- und Eurokrise. Das Problem ist nur: Das deutsche Finanzsystem ist für diese Aufgabe nicht sonderlich gut vorbereitet und sehr inländisch ausgerichtet. Allein schon daraus erklärt sich, dass die Deutschen weit über 800 Milliarden Euro indirekt von der Europäischen Zentralbank zu Nullzinsen verwalten lassen.

Jeder Anleger sollte bei seinen Entscheidungen deshalb vier Aspekte berücksichtigen:

- Er steht mit seinem Interesse an realer Wertsteigerung nicht im Fokus der Politik und der Zentralbanken.
- Die Inflation bei den Sachwerten nagt an der Substanz des Vermögens, mittel- bis langfristig kann auch die Inflation bei den Güterpreisen dazukommen.
- Die Finanzindustrie bietet Produkte an, die den Anbietern viel, den Anlegern aber vergleichsweise wenig bringen, da die Kosten bei dem heute erzielbaren Renditeniveau schlicht zu hoch sind.

- Sowohl aus Rendite- als auch aus Risikogesichtspunkten sollte die Geldanlage auch das Ausland miteinbeziehen.

Für diese Aufgabe gibt es doch eine einfache Lösung, mögen manche von Ihnen denken: Die ETFs, Exchange-Traded Funds. ETFs sind in der Regel börsennotierte, passive Fonds, die präzise einen Index abbilden, zum Beispiel den deutschen Aktienindex DAX. Passiv sind sie, weil sie gar nicht erst versuchen, etwa durch eine gezielte Auswahl von Aktien, die sogenannte aktive Vermögensverwaltung, eine bessere Rendite zu erzielen als der Index. Faktisch sind sie deshalb ein Derivat des jeweiligen Index. Der große Vorteil der ETFs sind die niedrigen Gebühren von 0,2 bis 0,8 Prozent. Das allein erklärt ihre Attraktivität bei den Kunden. Hinzu kommt, dass die meisten sogenannten aktiven Fondsmanager es nicht schaffen, den Index zu schlagen – und das noch nicht einmal vor Gebühren wie dem erwähnten Ausgabeaufschlag.

Die neueste Entwicklung ist, Anlagen in ETFs mit sogenannten Robo-Advisors zu kombinieren. Dabei tritt der Sparer die Entscheidung über Risiko und die konkrete Geldanlage an den Computer ab. Der stellt auf Basis der Lebens- und Risikosituation des Kunden ein vermeintlich optimales Portfolio von ETFs zusammen.

Doch ganz so einfach ist Geldanlage in den nächsten Jahren leider doch nicht. Im Gegenteil, wenn eine brandneue Lösung in Geldangelegenheiten auftaucht, sollten Anleger skeptisch werden. Erst recht, wenn ihnen Computer und ein Superalgorithmus das finanzielle Paradies versprechen. Das Problem beginnt damit, dass passives Investieren in einen Indexfonds drei simple Nachteile aufweist:

1. Ein Index repräsentiert nicht wirklich einen Markt, sondern ist nur ein nach mehr oder weniger beliebigen Kriterien zusammengestelltes Zerrbild des Marktes. Der DAX zum Beispiel ist nicht wirklich Ausdruck der Leistungsfähigkeit der deutschen Wirtschaft, sondern nur seiner großen Konzerne. Die Unternehmensgröße ist das entscheidende Auswahlkriterium für den Index. Bei vielen Kreditindizes wird dieses problematische Phänomen noch deutlicher: Je höher die Schulden des Emittenten sind, desto größer ist seine Gewichtung im Index und damit im ETF. Ob es aber tatsächlich klug ist, demjenigen mehr leihen zu wollen, der ohnehin schon die meisten Schulden hat, ist eine ganz andere Frage. Oder nehmen Sie den Weltaktienindex MSCI: Anders als viele glauben, spiegelt er keineswegs die Entwicklung der Weltwirtschaft. So haben amerikanische Unternehmen in dem Index eine viel höhere Gewichtung, als es ihrem Anteil an der weltweiten Wirtschaftskraft entspricht.

2. Je mehr Geld passiv investiert wird, umso mehr zerstört sich der Kapitalismus selbst und wird faktisch durch eine Index-Planwirtschaft ersetzt. Dieses Phänomen wird noch dadurch verstärkt, dass Indexfonds kein aktives Mandat haben. Auf Hauptversammlungen von Aktiengesellschaften nehmen sie

die Eigentumsrechte ihrer Kunden nur formal und sehr standardisiert wahr. Das Ergebnis: Bei immer mehr Publikumsgesellschaften verhalten sich die Aktionäre passiv beziehungsweise formalistisch. Für einen Investor ist es dann aber ziemlich einfach, sich mit fünf bis 15 Prozent der Anteile eine überproportionale, ja unbotmäßige Kontrolle und Einflussnahme bei einem Unternehmen zu sichern. Das aber kann nicht im Interesse des normalen Anlegers sein und schon gar nicht im Sinne der Gesellschaft.

3. Zugunsten passiver Indexfonds wird gern vorgebracht, dass viele (aktive) Fondsmanager trotz hoher Gebühren keine berauschende Performance zeigen. Das liegt zumindest zum Teil daran, dass viele große Investmentgesellschaften ihre Manager zunehmend am Index messen und ihnen damit ein enges Korsett anlegen. Faktisch wird der aktive Manager auf diese Weise passiviert. Dann können Anleger auch gleich zum Original greifen, also zum ETF. Allerdings sollten sie einen wichtigen Aspekt für die künftige Entwicklung nicht vernachlässigen: Der anhaltende Trend zur passiven Geldanlage führt dazu, dass der Markt ineffizienter wird – was wiederum die Chancen der aktiven Manager erhöht.

Das führt geradewegs zur erwähnten Hypothese des modernen Paradoxons der Geldanlage, des Algorithmus-Paradoxons des Geldes. Eines der zentralen Argumente gegen standardisiertes, Algorithmus-basiertes Investieren ist ein in der jüngeren Geschichte der Finanzindustrie immer wiederkehrendes Phänomen. Ob der Minicrash von 1987, ausgelöst durch die sogenannte Portfolioversicherung, ob die nur mit einem milliardenschweren Rettungspaket verhinderte Pleite des Hedgefonds LTCM, herbeigeführt durch am Ende doch nicht so schlaue Algorithmen zweier Nobelpreisträger, oder das komplette Scheitern des milliardenteuren *Value-at-Risk*-basierten Risikomanagementmodells im Crash von 2008 – in all diesen Fällen folgte die Marktentwicklung immer dem gleichen Ablauf: Am Anfang steht ein intelligenter Algorithmus kombiniert mit einer Analyse gewaltiger Mengen historischer Daten. Anfangs können die Anwender damit durchaus Vorteile für sich erzielen. Je mehr Marktteilnehmer mit dem computerbasierten und auf Big Data fußenden Algorithmus aber operieren, desto schneller verkehrt sich der Vorteil in einen Nachteil, bis hin zur Selbstzerstörung. Dieses Algorithmus-Paradoxon des Geldes ist eine Art unbeabsichtigter »digitaler Schneeballeffekt«. Man kann die Wirkung auch mit einer simplen Formel beschreiben: individuell rational, kollektiv irrational.

Der Grund dafür liegt im zentralen Nutzen, den die Digitalisierung ökonomisch aufweist, ihrer Skalierbarkeit. Je mehr Anwender dabei sind, desto größer der Nutzen für jeden und alle. Angewendet auf den Kapitalmarkt verkehrt sich dieser Vorteil aber in sein Gegenteil. Wir wollen Ihnen das näher erläutern. Betrachten Sie zunächst ein Beispiel, das die Chancen der Digitalisierung in der realen Welt zeigt. Eine Metropole wie London erstickt am Verkehr und den Abgasen, der Platzbedarf, den die vielen zumeist nur kurze Zeit benutzten Autos, mit denen Menschen zur Arbeit oder von der Arbeit nach Hause fahren, benötigen, ist gewaltig. Eines Tages, in nicht allzu ferner Zeit, wird das Fahren von Autos mit Menschen am Steuer im Zentrum einer solchen Stadt wahrscheinlich verboten und durch autonome, selbstfahrende Elektroautos in einem digital gesteuerten Carsharing-Modell abgelöst werden. Eine solche Entscheidung wäre absolut richtig, weil sie einen enormen Zugewinn an Platz- und Verkehrseffizienz und damit Lebensqualität für die Allgemeinheit brächte.

Der Grund ist simpler Skalennutzen. Fährt nur ein autonomes Elektroauto unter vielen Autos mit Menschen am Steuer, hat selbst dieses eine Auto schon einen kleinen relativen, wenn auch geringen absoluten Nutzen für das Gesamtsystem des Stadtverkehrs. Mit jedem weiteren dieser selbstfahrenden Autos, das hinzukommt, steigt der Gesamtnutzen für die Stadt. Es gibt also einen positiv anwachsenden Grenznutzen. Das Optimum ist dann erreicht, wenn nur noch selbstfahrende Elektroautos unterwegs sind. Logischerweise sollte die Stadt dieses Optimum anstreben und deshalb ab einem gewissen Punkt das Autofahren mit Menschen am Steuer untersagen.

Ganz anders entwickeln sich die Dinge in der Welt des Geldes: Der erste Anwender profitiert gewaltig von dem computerbasierten Finanzalgorithmus. Doch je mehr Akteure ein standardisiertes, Algorithmus-basiertes Entscheidungs- und Risikomodell am Finanzmarkt übernehmen, desto stärker und schneller fällt der Gesamtnutzen und verkehrt sich schlussendlich in sein Gegenteil. Wir haben es hier also mit einem negativ anwachsenden Grenznutzen zu tun. Der Grund: Geldmärkte funktionieren nun einmal besser durch die Kleinteiligkeit der Marktteilnehmer. Gute Ideen an diesen Märkten sind deshalb nur begrenzt skalierbar. Oder, um es salopp zu formulieren, der vom Computer ausgelöste, vermeintlich objektiv wirkende Herdentrieb ist am Ende auch nur ein Herdentrieb mit den bekannten negativen Konsequenzen.

Womit die Ausgangsfrage wieder in den Fokus rückt: Was können und sollen Durchschnittsanleger denn nun machen? Zunächst einmal folgt aus der Analyse die ernüchternde Erkenntnis, dass die Zukunft für unser Geld langfristig ziemlich hoffnungslos ist, auf Sicht der nächsten Jahre aber keinesfalls bedrohlich ernst. Die zu hohen Schuldenquoten der modernen Weltwirtschaft werden eines Tages unweigerlich zu äußerst unangenehmen Konsequenzen führen, bis hin zu einem möglichen Ende unserer heutigen Giralgeldordnung. Aber es spricht viel, sehr viel sogar dafür, dass es bis dahin noch lange dauern kann. Deshalb lautet unsere grundsätzliche Empfehlung:

1. Lassen Sie Ihr Geld gut diversifiziert und international für sich arbeiten. Und bleiben Sie entspannt.
2. Bei allem, was Sie tun, achten Sie bitte darauf, dass Sie sich nicht zu hoch verschulden.

Was bedeutet das nun etwas konkreter? Zu unserer ersten Empfehlung: Ein Drittel Ihres anzulegenden Vermögens (ohne Immobilien) sollten Sie in bar halten. Das dient Ihrem Schlaf und hält Sie ökonomisch flexibel. Die anderen beiden Drittel sollten Sie verstreut über alle wichtigen Vermögensklassen anlegen, von Aktien bis Gold. Dabei raten wir Ihnen, das eine Drittel davon international zu investieren. Für die Umsetzung dieser Anlagestrategie eignet sich eine Kombination aus aktiv gemanagten nationalen und internationalen Mischfonds. Sie können sich aber auch selbst ein Portfolio aus ETFs zusammenstellen oder zusammenstellen lassen.

Dabei ist die aktiv gemanagte Variante zu bevorzugen. Die Argumente dafür haben wir bereits genannt; es kommt aber noch ein weiterer Grund hinzu: Wir glauben, dass selbst im präsentierten Basisszenario viel Unsicherheit über die künftige Entwicklung steckt. Es ist deshalb ein Gebot der Vorsicht, dass die Anteile in den einzelnen Vermögensklassen, etwa Aktien und Anleihen, nicht statisch festgelegt sind, wie bei den Passiv-Fonds, sondern vom Fondsmanager oder von Ihnen selbst aktiv und flexibel gesteuert werden können.

Und noch etwas: Spekulations-Altmeister André Kostolany hat einst empfohlen:»Kaufen Sie Aktien, nehmen Sie Schlaftabletten, und schauen Sie die Papiere nicht mehr an. Nach vielen Jahren werden Sie sehen: Sie sind reich.« Diese Regel könnte für die nächsten Jahrzehnte womöglich nicht funktionieren. Jetzt müssen Sie die Märkte und mehr noch die Zentralbanken und die Politik im Auge behalten – und entsprechend disponieren. Aber auch da gilt es, cool zu bleiben. Vor allem: Folgen Sie nicht jedem Trend! Das ist selten erfolgreich, aber immer anstrengend. Und vertrauen Sie keinem, der Ihnen viel verspricht. Die Sache mit der Eier legenden Wollmilchsau hat sich seit der Vertreibung aus dem Paradies bis auf Weiteres erledigt.

Und wenn andere Ihnen beim Abendessen im Restaurant, beim Drink in der Kneipe oder über Facebook von riesigen Anlageerfolgen berichten – ignorieren Sie solche Erzählungen komplett. Erstens deprimieren solche Geschichten nur. Und zweitens können Sie unserer Erfahrung nach davon ausgehen, dass das meiste heillos übertrieben ist, wenn nicht sogar ausgedacht. Von Flops hört man bei solchen Anlässen jedenfalls nur selten.

Und schließlich: Machen Sie den Slogan »Geiz ist geil« zumindest bei der Geldanlage zu Ihrem Motto. In einem Nullzinsumfeld können die Kosten der Geldanlage die mühsam erzielte Rendite schnell auffressen. Deshalb achten Sie auf die Gebühren. Ein Geldanlageprodukt, das Sie mehr als 1,5 bis 2,5 Prozent Gebühren (inklusive eines kalkulatorisch über drei bis vier Jahre verteilten Ausgabeaufschlages) im Jahr kostet, ist schlichtweg unseriös.

Zu unserer zweiten Empfehlung, dass Sie sich nicht zu hoch verschulden sollten: Es mag in den vergangenen Jahrzehnten ein fast sicheres Rezept gewesen sein, reich zu werden, indem man Schulden aufgenommen und dafür Sachwerte wie Immobilien gekauft hat. Das heißt nicht, dass die ganz Hartgesottenen unter Ihnen auf diese Weise nicht auch künftig schnell und ohne übermäßige Arbeit zu Vermögen kommen können. Doch für den klassischen Anleger gilt das nicht, und zwar aus zwei Gründen:

Unser Basisszenario geht zwar von weiterhin niedrigen Zinsen und einer wahrscheinlichen »Weginflationierung« eines Teiles der Schulden aus, wir geben dem Risiko einer deflatorischen Anpassung aber immerhin eine Wahrscheinlichkeit von 35 Prozent. Und wenn dieser Fall eintritt, möchten Sie garantiert nicht mit zu hohen Schulden erwischt werden. Denn die Immobilie, die Sie kreditfinanziert gekauft haben, verliert dann womöglich dramatisch an Wert, der Kreditbetrag bleibt jedoch stabil.

Zum Stichwort Verschuldung lohnt es sich auch, eine alte Weisheit aus dem Finanzgeschäft zu berücksichtigen: Wenn Sie in einer schwierigen Situation, einer Rezession zum Beispiel oder im Fall eines Jobverlusts 500.000 Euro Schulden haben, dann haben Sie ein Problem, und zwar ein großes. Wenn Sie der Bank fünf Milliarden Euro schulden, dann hat die Bank ein Problem. Und wenn Sie wie Amerika dem Rest der Welt rund 10.000 Milliarden Dollar schulden, dann bekommt möglicherweise die ganze Welt ein Problem.

Wer also hohe Schulden aufnimmt, aber keine Macht hat, geht ein hohes Risiko ein. Für den normalen Anleger gilt deshalb die Faustformel: Die selbst genutzte Immobilie darf bis zu zwei Drittel ihres Wertes verschuldet sein, darüber hinaus gilt Hände weg von spekulativen Schulden.

Und auf gar keinen Fall sollten Sie in schuldenfinanzierte Steuersparmodelle investieren. An gezahlten Steuern aus Gewinnen sind nur wenige pleitegegangen, an sogenannten Steuersparmodellen dagegen viele.

Damit ist unsere Empfehlung an die Sparer und Anleger ganz simpel: Erstens, machen Sie nicht zu viele Schulden. Zweitens, sparen Sie nicht zu viel, und investieren Sie auch etwas in Ihre Lebensqualität. Und drittens, legen Sie Ihr Erspartes etwas mutiger an, also auch in Sachwerte, Aktien zum Beispiel, und international gestreut.

Eine Zauberformel zum Reichwerden können wir leider nicht anbieten. Allerdings kann das auch kein anderer, denn es gibt sie nicht. Und wer das Gegenteil behauptet, lügt! Denn wenn die Geschichte der modernen Finanzwirtschaft eines gezeigt hat, dann dies: Trotz aller wissenschaftlichen und technischen Erkenntnisse ist keine Alchemie imstande, aus Blei Gold zu machen. Dabei wird es auf absehbare Zeit auch bleiben.

Die Lehre aber aus dieser Geschichte

Shanghai, einige Jahre nach der Finanzkrise. Ich treffe einen mächtigen und sehr klugen chinesischen Finanzmanager. Beim Abendessen sprechen wir auch über die komplizierte weltwirtschaftliche Konstellation in der Post-Crash-Ära. Dazu zählt, dass China – übrigens genauso wie Deutschland – wegen seiner immensen Exportüberschüsse immer wieder von den USA kritisiert wird, und das schon vor der Wahl Donald Trumps zum Präsidenten.

Gleichzeitig sind die USA auf China angewiesen. Das Reich der Mitte ist der größte Gläubiger der Vereinigten Staaten. Mit etwas über 1.100 Milliarden Dollar ist allein der nordamerikanische Staat in China verschuldet. »Glauben Sie, dass China dieses Geld real und voll verzinst irgendwann zurückbekommt?«, frage ich schließlich meinen Gesprächspartner. Er lächelt hintergründig und antwortet in fast schon konfuzianischer Manier: »Na ja, der Aufstieg Chinas in der Weltwirtschaft und der Platz, den wir jetzt am Tisch der großen Wirtschaftsnationen haben, haben vielleicht ihren Preis.«

Die Elite des Landes macht sich keine Illusion über die wirtschaftspolitische Agenda der Zukunft. Und die unterschiedlichen Interessen zwischen Gläubigernationen wie China auf der einen und Schuldnernationen wie den USA auf der anderen Seite stehen dabei ziemlich weit oben. Das gilt für die Weltwirtschaft, das gilt ganz ähnlich aber auch für Europa. Dort ist Deutschland als mit Abstand größter Kreditgeber für Länder der Eurozone in der gleichen Situation.

Keine Frage, die Folgen des Crashs von 2008 und des Finanzmarkt-Kapitalismus der vergangenen Jahrzehnte mit seiner ungehemmten Lust am Leben und Wirtschaften auf Pump werden wir alle noch lange spüren. Und das nicht nur als Steuerzahler einer Gläubigernation, die wohl einen Teil der Kredite an hoch verschuldete Volkswirtschaften wie Griechenland abschreiben kann. Als Sparer stecken wir in der Realzinsfalle und müssen auf absehbare Zeit wohl damit leben, dass die Inflationsrate über dem nominalen Zinssatz liegt.

Obendrein startet die jüngere Generation mit einer Hypothek beladen ins Arbeitsleben: Nach Schätzungen der amerikanischen Zentralbank liegt das durchschnittliche Vermögen der heute 20- bis 35-jährigen Amerikaner, bei weniger als zwei Drittel des Vermögens, das ihre Eltern im gleichen Alter gehabt haben. Verantwortlich dafür sind vor allem die drastisch gestiegenen Ausbildungskosten. 1985 addieren sich neun Millionen Studentenkredite zu einem Volumen von 64 Milliarden Dollar. 20 Jahre später sind es 43 Millionen Studentenkredite mit einem Volumen von 1.100 Milliarden Dollar, Tendenz weiter steigend.

Aber auch marktwirtschaftliche Sündenfälle wie die wiederholten Rettungsaktionen von Politik und Zentralbanken nach Börsencrashs haben die Einkommensverteilung immer wieder verzerrt. Nach Statistiken des Internationalen Währungsfonds hat sich im vergangenen Vierteljahrhundert in 29 der 50 größten Industrieländer die Verteilung zum Teil gravierend von den Arbeitseinkommen hin zu Kapitaleinkünften verschoben.

Nein, eine *Goldilocks Economy*, wie von vielen erhofft, hat unser Finanzsystem nicht hervorgebracht. Doch es wäre falsch, allein die vermeintliche Selbstsucht und Gier der Finanzprofis für Krise und Crash verantwortlich zu machen. Natürlich hat es Gier gegeben, etliche in der Zunft haben ihre Freude am Geldverdienen ausgelebt. Die späten 1990er-Jahre sind aber auch von einer ungeheuren Aufbruchsstimmung geprägt. In der neuen internationalen Finanzelite herrscht in dieser Zeit ungeheure Dynamik, Enthusiasmus sowie Entschlossenheit, am Aufbau eines neuen Weltfinanzsystems mitzuwirken. Und alle, mich eingeschlossen, hat die Überzeugung geeint, Teil einer jungen, globalen und fast revolutionären Bewegung zu sein, die das Finanzsystem auf eine neue, bessere, professionellere und logischere Basis stellen will. Aber zugegeben, das Ergebnis kann man nur in einem Satz zusammenfassen: Die Revolution hat ihre Kinder gefressen.

Entgegen der Wahrnehmung ihrer Protagonisten ist die Finanzindustrie vielmehr über Jahre hinweg wohl einfach nur der große Gewinner einer in der Geschichte beispiellosen, massiven Ausweitung der globalen Schulden. Dieses gigantische Wachstum bläht unweigerlich auch das Geschäftsvolumen und die Gewinne der Geldbranche auf. Diese bleibt dabei aber immer abhängig von den großen Zentralbanken der Welt. Denn regelmäßig müssen Fed, EZB & Co. die Finanzprofis und ihr Spielzeug, genannt »Finanzinnovationen«, vor der Selbstzerstörung bewahren.

Die Zentralbanken operieren dabei handwerklich durchaus geschickt. Geleitet werden sie dabei von ihrem eigenen Motiv. Denn spätestens seit den 1990er-Jahren haben sie ihr Augenmerk vor allem auf ein Ziel gerichtet. Das war und ist bis heute die Stabilität des Finanzsystems, und nicht etwa die Geldwertstabilität. Es entbehrt nicht einer gewissen Ironie, wenn man bedenkt, dass der Aufstieg dieses Finanzsystems mit Paul Volcker und der Geldmengensteuerung des Monetarismus begonnen hat, und zwar mit dem ausdrücklichen Ziel, die Inflation zu bekämpfen. Hinzu kommt, dass gerade der Monetarismus für die Forderung steht, der Staat möge sich doch besser aus dem Markt heraushalten, und die Zentralbank solle sich auf ein gleichmäßiges Wachstum der Geldmenge konzentrieren.

Heute, 40 Jahre später, haben die Zentralbanken wohl den Zenit ihrer Macht erreicht. Im Rahmen der Theorie vom globalen Freihandel und den vernetzten Kapitalmärkten – die für die Normalbürger das Wasser des Marktes predigt, um dann aber im Notfall die Sicherheit der Rettung für das Finanzsystem zu fordern – müssen die Zentralbanken ihr Mandat weit überdehnen. Heute verzerren sie mit ihrer Niedrigzinspolitik und noch mehr durch den massiven Einsatz ihrer Bilanz alle Preise für Vermögenswerte, von A wie Aktien über I wie Immobilien bis Z wie Zerobonds. Und genauso wie Japan es seit Jahren vormacht, finanzieren sie auf diese Weise faktisch den Staat.

Tragischerweise liegt genau in dieser Überdehnung ihres Mandats der Keim ihres unvermeidlichen Scheiterns.

Spätestens nach der Finanzkrise werden die Widersprüchlichkeiten und Konstruktionsfehler dieses Finanzsystems klar. Die bittere Erkenntnis lautet: Ein Finanzsystem, das sich marktwirtschaftlich nennt, das aber schon lange vor 2008 in Verweigerung jeder Verantwortungsethik schnell die systemische Erpressungsfrage stellt, um Partikularinteressen mit öffentlichen Geldern retten zu lassen, ein solches Finanzsystem kann keine Perspektive haben.

Mehr noch, die vergangenen 40 Jahre haben gezeigt, dass eine Gesellschaft ihr Finanzsystem grundsätzlich nicht rein marktwirtschaftlich organisieren kann. Denn jede Finanzarchitektur schafft unweigerlich Strukturen, die systemische Risiken entstehen lassen. Dabei sind die Kollateralschäden des Scheiterns in der Finanzwirtschaft, die möglichen Folgen für die gesamte Gesellschaft, viel zu groß und zu gravierend. Nicht umsonst gilt die Große Depression der 1930er-Jahre Zentralbankern und Politikern beim Umgang mit der Krise 2008 als warnendes Beispiel.

Dem steht allerdings entgegen, dass die Philosophie der marktwirtschaftlichen Überlegenheit gerade auf der Idee von Versuch und Irrtum basiert, und damit auf der Notwendigkeit, Scheitern jederzeit zuzulassen. Dieses Dilemma, einerseits Marktwirtschaft zu propagieren, andererseits Staatsrettung zu praktizieren, scheint unauflöslich. So müssen wir wohl oder übel akzeptieren, dass bei jeder Finanzarchitektur das Ziel der Systemstabilität Vorrang vor der marktwirtschaftlichen Optimierung haben wird.

Deshalb sollten wir die Krisentreiber, die Gründe von großen Crashs, freilich nicht als schicksalhaft und unabänderlich hinnehmen. Wir dürfen nicht vergessen, dass es realwirtschaftliche Ungleichgewichte gewesen sind, die finanzwirtschaftliche Altlasten produziert haben, etwa die akkumulierten Dollardefizite, die nun um die Welt schwappen. Dazu gehören ebenfalls die ungelösten Fragen im Euroraum. Diese Ungleichgewichte in den Leistungsbilanzen haben mitten im Herzen von Europa ein Pulverfass entstehen lassen, von dem niemand weiß, ob und wann es hochgeht. Die weiter zunehmende Verschuldung der westlichen Staaten kombiniert mit geringem Wachstum und einem demografischen Problem sind real! Und dass selbst ein Wachstumsweltmeister wie China Schuldenquoten wie ein westlicher Problemstaat aufweist und damit ein inländisches Finanzsystem hat, das einer tickenden Zeitbombe gleichkommt, ist ebenfalls kein gutes Zeichen.

Das sind die wirklichen und drängenden Probleme des globalen Finanz- und Wirtschaftssystems. Alle sind wohl lösbar, aber nicht durch noch mehr und noch detailliertere Einzelfallregulierung. Vielmehr ist die Zeit gekommen, über eine vernünftige strukturelle und regulatorische Absicherung der Globalisierung nachzudenken. Es wird wohl zu den wichtigsten Aufgaben von Politik und Zentralbanken gehören, darauf intelligente Antworten zu finden.

Wir haben mit Geld begonnen und wollen auch mit Geld enden. Die Entwicklung unseres Finanzsystems, die Krise(n) und ihre Folgen werden uns sicher noch lange beschäftigen. Doch das wird nicht die einzige Herausforderung für unser Finanzsystem bleiben. Mit der gerade anschwellenden Digitalisierungswelle rollt die nächste große Veränderung auf uns zu. Die spannende Frage ist dabei, welche Auswirkungen die zu erwartende dramatische Digitalisierung der gesamten Wertschöpfungsketten in den nächsten Jahrzehnten auf das Wesen des Geldes, ja auf das Wesen des Kapitalismus grundsätzlich haben könnte. Dabei sind weniger Phänomene wie Kryptowährungen interessant. Uns sollte vielmehr die Frage umtreiben, was die Digitalisierung und ihre sich beschleunigende Fortentwicklung für die Marktwirtschaft bedeuten. Unsere radikale Hypothese lautet, dass der Kapitalismus in seiner heutigen Form die Digitalisierung vielleicht nicht überleben wird.

Wir wollen diese These begründen:

Unser kapitalistisches Wirtschaftsmodell, das sich im 19. Jahrhundert entwickelt hat, ist stark industriell geprägt. Dieser Kapitalismus basiert auf einem riesigen Bedarf an menschlicher Arbeit und Kapital. Das Kapital ist die Basis der großen industriellen Investitionen und Reinvestitionen. Dabei ist das klassische industrielle Modell nur in sehr beschränktem Ausmaß skalierbar, denn mehr gebaute Autos benötigen auch mehr Arbeitskräfte und mehr Fabrikanlagen. Mit anderen Worten: Um zusätzliche Mengen von Gütern herstellen zu können, muss investiert werden. Und das Geld dafür stellen Sparer zur Verfügung.

Das Besondere an der Digitalisierung hingegen ist ihre deutlich höhere Skalierbarkeit. Daraus folgt, dass man für jede zusätzlich bereitgestellte Produkteinheit immer weniger zusätzliches Kapital oder menschliche Arbeitskraft benötigt. Aus dieser Eigenschaft der sogenannten »Plattformökonomie« leiten sich die drei zentralen Fragen des digitalen Wirtschaftens der Zukunft ab:

Erstens führt Skalierbarkeit unweigerlich zu Monopolbildungen, wie wir es an den Big Four der Digitalwirtschaft ablesen können, an Amazon, Google, Facebook und Apple. Und Monopolbildung ist die vorherrschende Strategie der erfolgreichen digitalen Unternehmen. Wie regulieren wir solche Monopole? Und sollten wir sie überhaupt zulassen, oder müssten Amazon & Co. nicht zwangsweise zerschlagen werden?

Die zweite Frage betrifft uns Menschen. Was bleibt für uns zu tun, wenn Arbeitskraft nicht mehr in der Form gebraucht wird wie im analogen Kapitalismus, also der bisher noch vorherrschenden industriellen Wirtschaftswelt? Wie wollen wir mit der sozialen Herausforderung oder der Gerechtigkeitsfrage umgehen, wenn einer kleinen hoch bezahlten Elite, die unsere digitale Zukunft gestaltet, eine große Mehrheit von uns gegenübersteht, deren künftiger Arbeitsalltag wohl in weniger produktiven und damit auch schlechter bezahlten Dienstleistungen besteht?

Und schlussendlich bleibt die Frage nach der Zukunft des Kapitalismus. Die neue digitale Wirtschaftswelt kann ihr Angebot leicht und ohne große Investitionen ausweiten. Das lässt zwangsläufig die Nachfrage nach Geld für Investitionen sinken – und damit auch seinen Preis, den Zins. In der Zukunft muss und darf folglich weniger gespart werden. Dafür muss das verbleibende Sparvermögen intelligenter investiert werden, damit Sparer eine halbwegs interessante Rendite erhalten.

Aber was bedeutet das für die großen Institutionen des modernen Kapitalismus, die Banken und Versicherungen? In welchem Ausmaß bedroht die Digitalisierung ihr altes Geschäftsmodell? Sind sie für die Aufgaben der Zukunft schlicht überdimensioniert?

Für uns steht fest: Die Digitalisierung der Wirtschaft hat das Potenzial, das Wesen unseres Geldes noch grundsätzlicher zu verändern, als es der Finanzmarkt-Kapitalismus der vergangenen Jahrzehnte mitsamt allen Krisen und Crashs vermocht hat.

Und wie sollen wir dann unser Geld anlegen? Keine Sorge, auch im digitalen Kapitalismus bleiben Möglichkeiten, das zeigt beispielhaft die neue Start-up-Kultur. Und wie bisher gilt auch künftig das Prinzip der Knappheit. Aus unserer Einschätzung werden auch in der digitalen Zukunft die natürlichen Ressourcen unseres Planeten wohl zu den knappsten Gütern gehören und damit eine der langfristig vielversprechendsten Wertanlagen darstellen.

Entsprechend sollten wir sie auch schützen.